Παραμύθια
για να σπάτε κέφι

ΤΖΑΝΙ ΡΟΝΤΑΡΙ
ΒΡΑΒΕΙΟ ΑΝΤΕΡΣΕΝ

ΠΑΡΑΜΥΘΙΑ
ΓΙΑ ΝΑ ΣΠΑΤΕ ΚΕΦΙ

ΑΠΟΔΟΣΗ
ΔΗΜΗΤΡΑ ΔΟΤΣΗ

ΕΙΚΟΝΟΓΡΑΦΗΣΗ
ΑΝΝΑ ΛΑΟΥΡΑ ΚΑΝΤΟΝΕ

7η ΕΚΔΟΣΗ

ΚΕΔΡΟΣ

ISBN 978-960-04-4312-7

Τίτλος του πρωτοτύπου:
Gianni Rodari, «Tante storie per giocare»

Υπεύθυνη διορθώσεων: ΜΑΡΙΑ ΣΠΑΝΑΚΗ
Επιμέλεια-Διόρθωση: ΚΑΤΕΡΙΝΑ ΚΑΡΟΓΙΑΝΝΗ
Ηλεκτρονική σελιδοποίηση: ΞΕΝΙΑ ΤΡΥΦΩΝ

www.kedros.gr
e-mail: books@kedros.gr

Το μαγικό τύμπανο

Μια φορά κι έναν καιρό, ήταν ένας τυμπανιστής που επέστρεφε από τον πόλεμο. Ήταν φτωχός· η μοναδική του περιουσία ήταν το τύμπανό του. Εκείνος, όμως, ήταν πανευτυχής γιατί, ύστερα από χρόνια, επιτέλους γύριζε σπίτι του. Το τύμπανό του αντηχούσε από μακριά: *μπαραμπάν, μπαραμπάν, μπαραμπάν...*

Εκεί που περπατούσε, συνάντησε μια γριούλα.

– Καλέ μου στρατιώτη, μήπως έχεις κανένα κέρμα;

– Ευχαρίστως να σου έδινα και ένα και δύο και δέκα κέρματα, γιαγιάκα, αλλά είμαι άφραγκος.

– Είσαι σίγουρος;

– Όλη μέρα ψαχούλευα τις τσέπες μου, μα δε βρήκα τίποτα.

– Για ξαναπροσπάθησε! Κοίταξε καλά αυτή τη φορά.

– Θα τις κοιτάξω μόνο και μόνο για να μη σ' αφήσω παραπονεμένη. Είμαι σίγουρος, όμως, ότι... Οχ, τι είναι τούτα;

– Ορίστε, έχεις κάτι ψιλά! Είδες που σ' τα 'λεγα;

– Δεν το 'ξερα. Σου τ' ορκίζομαι. Έλα, πάρ' τα, γιατί μάλλον τα χρειάζεσαι περισσότερο από μένα.

– Σ' ευχαριστώ, καλέ μου στρατιώτη, είπε η γριούλα, και θα σου δώσω κι εγώ κάτι για αντάλλαγμα.

– Αλήθεια; Μα δεν είναι ανάγκη.

– Θέλω να σου χαρίσω ένα μαγικό κόλπο. Κάθε φορά που θ' ακούγεται το τύμπανό σου, όλος ο κόσμος θα χορεύει.

– Σ' ευχαριστώ, γιαγιάκα. Τι υπέροχο μαγικό κόλπο!

– Περίμενε, δεν τέλειωσα ακόμα. Όλος ο κόσμος θα χορεύει και σταματημό δε θα 'χει ώσπου να τελειώσει η μουσική.

– Τέλεια! Δεν ξέρω ακόμα πώς θα το χρησιμοποιήσω, αλλά νομίζω πως θα μου φανεί χρήσιμο.

– Πάρα πολύ χρήσιμο. Γεια σου, στρατιώτη.

– Γεια σου, γιαγιάκα.

Και ο στρατιώτης πήρε και πάλι το δρόμο για το σπίτι του. Εκεί που περπατούσε, ξαφνικά μέσα από το δάσος πετάχτηκαν τρεις ληστές.

– Τα λεφτά σου ή τη ζωή σου!

– Για όνομα του Θεού, ηρεμήστε. Ορίστε, πάρτε την τσάντα μου, αλλά σας προειδοποιώ ότι είναι άδεια.

– Ψηλά τα χέρια, αλλιώς θα σε καθαρίσουμε!

– Στις προσταγές σας, κύριοι ληστές.

– Πού είναι τα λεφτά;

– Αν είχα, θα τα 'βαζα στο καπέλο μου.

Οι ληστές κοίταξαν το καπέλο του, αλλά τίποτα.

– Αν είχα, θα τα 'βαζα στ' αυτί μου.

Κοιτάζουν στο αυτί· και πάλι τίποτα.

– Αν είχα, θα τα 'βαζα στη μύτη μου.

Οι ληστές κοίταξαν, έψαξαν, ψαχούλεψαν και φυσικά δε βρήκαν ούτε ένα τοσοδά κέρμα.

– Μα εσύ είσαι φτωχαδάκι, είπε ο αρχιληστής. Αφού είναι έτσι, θα σου πάρουμε το τύμπανο για να παίζουμε μουσική.

– Ορίστε, πάρτε το, αναστέναξε ο στρατιώτης. Λυπάμαι που το αποχωρίζομαι, γιατί μου κράτησε καλή παρέα όλα αυτά τα χρόνια. Αφού το θέλετε όμως...

– Το θέλουμε και το παραθέλουμε.

– Μπορώ να παίξω για τελευταία φορά πριν μου το πάρετε; Θα σας δείξω κιόλας πώς να το χρησιμοποιείτε.

– Και δεν παίζεις;

– Και όσο θα παίζω, εσείς... (*μπαραμπάν, μπαραμπάν, μπαραμπάν*) εσείς θα χορεύετε!

Πού να βλέπατε τα τρία παλιόμουτρα να χορεύουν. Έμοιαζαν σαν αρκούδες σε πανηγύρι.

Στην αρχή το γλεντούσαν με την ψυχή τους, γελούσαν κι αστειεύονταν.

– Εμπρός, τυμπανιστή! Παίξε μας ένα βαλς!

– Και τώρα πόλκα!

– Πιάσε και μια ταραντέλα!

Ύστερα από λίγο άρχισαν να ξεφυσάνε. Προσπαθούσαν να σταματήσουν, μα άδικος κόπος. Ήταν ξεθεωμένοι, λαχανιασμένοι, ζαλισμένοι, όμως το μαγεμένο τύμπανο τους ανάγκαζε να χορεύουν και να ξαναχορεύουν... δίχως σταματημό!

– Βοήθεια!

– Χορέψτε!

– Έλεος!

– Χορέψτε!

– Ήμαρτον!

– Χορέψτε, χορέψτε!

– Φτάνει, φτάνει!

– Μπορώ να κρατήσω το τύμπανο;

– Πάρ' το από δω πέρα... Μακριά από εμάς αυτά τα μαγικά κόλπα...

– Θα μ' αφήσετε στην ησυχία μου;

– Ό,τι θες, αρκεί να σταματήσεις να παίζεις.

Όμως, το τύμπανο, για καλό και για κακό, σταμάτησε μονάχα όταν σωριάστηκαν κατάκοποι.

– Ορίστε, τώρα δεν μπορείτε να με κυνηγήσετε!

Ο τυμπανιστής το έβαλε στα πόδια. Κάθε τόσο, για να σιγουρευτεί, χτυπούσε την μπαγκέτα του στο τύμπανο. Και τότε όλα τα ζωάκια το έριχναν στο χορό: οι λαγοί στις τρύπες τους, τα σκιουράκια στα κλαδιά, οι κουκουβάγιες, που ξυπνούσαν μέρα μεσημέρι, στις φωλιές τους...

Κι ο καλός μας τυμπανιστής πότε περπατούσε και πότε έτρεχε για να φτάσει γρήγορα σπίτι του...

ΠΡΩΤΟ ΤΕΛΟΣ

Κι εκεί που ο τυμπανιστής περπατούσε, άρχισε να σκέφτεται: «Να δεις που αυτό το μαγικό κόλπο είναι το τυχερό μου. Άσε που φέρθηκα τελείως ανόητα μ' αυτούς τους ληστές. Θα μπορούσα να τους πάρω τα λεφτά. Μου φαίνεται ότι θα γυρίσω πίσω να τους βρω...»

Και με το που έκανε μεταβολή, ξαφνικά, στο βάθος του μονοπατιού, εμφανίστηκε μια ταχυδρομική άμαξα.

«Πάνω στην ώρα», σκέφτηκε.

Τα άλογα κάλπαζαν και τα κουδούνια τους αντηχούσαν παντού. Ο αμαξάς, καθισμένος στη θέση του, σιγοσφύριζε χαρούμενος ένα τραγούδι. Δίπλα του καθόταν ένας χωροφύλακας.

- Γεια και χαρά σου, τυμπανιστή. Θες ν' ανέβεις;

- Όχι, δε χρειάζεται.

- Τότε φύγε απ' τη μέση για να περάσουμε.

- Μια στιγμή. Πρώτα θα μου χορέψετε ένα χορό.

Μπαραμπάν, μπαραμπάν... Το τύμπανο άρχισε να παίζει. Τα άλογα το έριξαν μεμιάς στο χορό. Ο αμαξάς πετάχτηκε όρθιος κι άρχισε να κουνάει ρυθμικά τα πόδια του. Ο χωροφύλακας πέταξε κάτω το όπλο του κι άρχισε να χορεύει κι αυτός μαζί με τους επιβάτες.

Αυτό που δεν ξέρετε είναι ότι η άμαξα αυτή μετέφερε το χρυσάφι μιας τράπεζας: τρία χρηματοκιβώτια γεμάτα χρυσάφι που ζύγιζαν γύρω στα τριακόσια κιλά. Ο τυμπανιστής με το ένα χέρι χτυπούσε το τύμπανό του, με το άλλο έριχνε τα χρηματοκιβώτια στο μονοπάτι και με τα πόδια τα έσπρωχνε πίσω από ένα θάμνο.

– Χορέψτε! Χορέψτε!

– Φτάνει! Δεν πάει άλλο!

– Τότε πάρτε δρόμο και μην ξαναπατήσετε εδώ πέρα...

Κι έτσι η άμαξα έφυγε χωρίς το πολύτιμο φορτίο της και ο τυμπανιστής μας, εντελώς ξαφνικά, είχε γίνει εκατομμυριούχος... Τώρα πια θα μπορούσε να φτιάξει μια βίλα ολοδική του, να ζήσει σαν άρχοντας και να παντρευτεί την κόρη κάποιου αξιωματικού. Κι όταν θα ήθελε χρήματα, δε θα χρειαζόταν να πηγαίνει στην τράπεζα. Το τύμπανό του θα φρόντιζε για εκείνον.

ΔΕΥΤΕΡΟ ΤΕΛΟΣ

Κι εκεί που ο τυμπανιστής περπατούσε, είδε έναν κυνηγό έτοιμο να πυροβολήσει μια τσίχλα.

Μπαραμπάν, μπαραμπάν... Ο κυνηγός πέταξε κάτω την καραμπίνα του και το έριξε στο χορό. Το πουλάκι το έσκασε μακριά.

– Άτιμε! Θα μου το πληρώσεις ακριβά!

– Μη μιλάς και χόρευε. Το φόβο μου να ’χεις και να μην πυροβολήσεις ποτέ ξανά άλλο πουλάκι.

Κι εκεί που περπατούσε, είδε κι έναν αγρότη που χτυπούσε με τη βίτσα το άλογό του.

– Χόρευε!

– Βοήθεια!

– Χόρευε! Θα σταματήσω να παίζω το τύμπανό μου μόνο αν μου ορκιστείς ότι δε θα ξαναχτυπήσεις το γάιδαρό σου.

– Τ’ ορκίζομαι!

Κι όσο περπατούσε ο γενναιόψυχος στρατιώτης μας, όλο και κάποιον αυταρχικό ή άδικο άνθρωπο συναντούσε στο δρόμο του. Για να τους εμποδίσει όλους αυτούς, εκείνος έπαιζε πάντα το τύμπανό του. Και ήταν τόσοι πολλοί, που δεν τα κατάφερε να φτάσει σπίτι του. Παρ’ όλα αυτά, εκείνος χαιρόταν και πάντοτε σκεφτόταν: «Για μένα σπίτι είναι ο τόπος όπου μπορώ να κάνω μια καλή πράξη με το τύμπανό μου».

ΤΡΙΤΟ ΤΕΛΟΣ

Κι όσο περπατούσε ο τυμπανιστής μας, τόσο περισσότερο προβληματιζόταν: «Τι παράξενο που 'ναι αυτό το τύμπανο και τα μαγικά του κόλπα. Πολύ θα 'θελα να μάθω πώς τους μαγεύει όλους».

Κοίταξε τις μπαγκέτες, τις γύρισε από δω, τις γύρισε από κει. Έμοιαζαν με δύο συνηθισμένα ξύλινα μπαστουνάκια.

– Ίσως το μυστικό να κρύβεται μέσα, κάτω από το δέρμα του τυμπάνου!

Ο στρατιώτης πήρε το μαχαίρι του κι έκανε μια μικρή τρύπα.

– Για να ρίξω μια ματιά, είπε.

Μέσα δεν υπήρχε τίποτα απολύτως.

– Δεν πειράζει. Θα το κρατήσω έτσι όπως είναι.

Και ξαναπήρε το δρόμο του χτυπώντας χαρούμενα τις μπαγκέτες του. Μα τώρα πια, στο άκουσμα του τυμπάνου, δε χόρευαν ούτε τα λαγουδάκια ούτε τα σκιουράκια ούτε τα πουλιά στα δέντρα. Και οι κουκουβάγιες δεν ξυπνούσαν.

Μπαραμπάν, μπαραμπάν...

Ο ήχος έμοιαζε ίδιος, μόνο που τα μαγικά δεν έπιαναν.

Άραγε θα το πιστέψετε; Ο τυμπανιστής μας ήταν πιο χαρούμενος τώρα.

Ο κατεργάρης Πινόκιο

Μια φορά κι έναν καιρό, ήταν ο Πινόκιο. Όχι ο Πινόκιο του γνωστού παραμυθιού, ένας άλλος. Ήταν κι αυτός ξύλινος, αλλά δεν ήταν ίδιος. Δεν τον είχε φτιάξει ο Τζεπέτο, είχε φτιαχτεί από μόνος του.

Έλεγε κι αυτός ψέματα, όπως η διάσημη μαριονέτα, και κάθε φορά η μύτη του μεγάλωνε σε κλάσματα δευτερολέπτου. Ήταν όμως άλλος Πινόκιο. Για να καταλάβετε, κάθε φορά που η μύτη του μεγάλωνε, αντί να τρομάξει, να βάλει τα κλάματα, να φωνάξει τη νεράιδα, και τα λοιπά, εκείνος έπαιρνε ένα μαχαίρι ή ένα πριόνι κι έκοβε ένα μεγάλο κομμάτι απ' τη μύτη του. Μην ξεχνάτε ότι ήταν ξύλινη, κι έτσι δεν τον πονούσε.

Κι επειδή έλεγε πολλά μα πάρα πολλά ψέματα, σε λίγο καιρό το σπίτι του είχε γεμίσει ξυλαράκια.

– Τι ωραία, είπε. Με όλη αυτή την ξυλεία θα φτιάξω μόνος μου τα έπιπλά μου και θα μου μείνουν και τα λεφτά για το μαραγκό.

Είναι αλήθεια πως τα χέρια του έπιαναν. Κι έτσι έφτιαξε ένα κρεβάτι, ένα τραπέζι, μια ντουλάπα, μερικές καρέκλες, μια βιβλιοθήκη κι έναν πάγκο. Όμως, την ώρα που έφτιαχνε ένα τρίποδο για την τηλεόρασή του, ξέμεινε από ξύλα.

– Ξέρω τι θα κάνω, είπε. Χρειάζομαι ένα καλό ψέμα.

Έτρεξε έξω κι άρχισε να ψάχνει για το κατάλληλο πρόσωπο. Εκείνη τη στιγμή, στο πεζοδρόμιο έτρεχε ένας χωριάτης. Ένας από αυτούς τους τύπους που φτάνουν πάντα αργοπορημένοι για να πάρουν το λεωφορείο.

– Καλημέρα. Το ξέρετε ότι είστε πολύ τυχερός;

– Εγώ; Από πού κι ως πού;

– Μα καλά, δεν τα μάθατε; Κερδίσατε εκατό εκατομμύρια στο λαχείο. Το είπαν πριν από πέντε λεπτά στο ραδιόφωνο.

– Δεν είναι δυνατόν!

– Τι πάει να πει δεν είναι δυνατόν; Συγγνώμη, πώς λέγεστε;

– Ροβέρτος Μακρυπόδης.

– Είδατε; Στο ραδιόφωνο είπαν το όνομά σας, Ροβέρτος Μακρυπόδης. Και τι δουλειά κάνετε;

– Πουλάω σαλάμια, τετράδια και λάμπες στον Αϊ-Γιώργη, στην επάνω πλατεία.

– Ε τότε δε χωράει αμφιβολία: εσείς είστε ο νικητής. Εκατό εκατομμύρια. Τα θερμά μου συγχαρητήρια...

– Ευχαριστώ, ευχαριστώ πολύ...

Ο κύριος Μακρυπόδης δεν πίστευε στ' αυτιά του· ήταν τόσο συγκινημένος, που αναγκάστηκε να μπει σ' ένα καφενείο για να πιει ένα ποτήρι νερό. Με το που ήπιε το νερό του, όμως, θυμήθηκε ότι δεν είχε αγοράσει ποτέ του λαχείο. Επομένως, κάποιο λάθος είχε γίνει. Ο Πινόκιο, στο μεταξύ, είχε γυρίσει σπίτι του. Χάρη στο ψέμα του, η μύτη του είχε μεγαλώσει τόσο όσο χρειαζόταν για να φτιάξει το τελευταίο πόδι του επίπλου του. Πριόνισε, κάρφωσε και πλάνισε το ξύλο, κι αυτό ήταν. Για ένα τέτοιο τρίποδο θα έπρεπε να πληρώσει μια ολόκληρη περιουσία, ενώ έτσι είχε κάνει και οικονομία.

Μόλις επίπλωσε το σπίτι, αποφάσισε να το ρίξει στο εμπόριο.

– Θα πουλάω ξύλα και θα γίνω πλούσιος.

Και πράγματι, ήταν τόσο γρήγορος στα ψέματα, που πολύ σύντομα απέκτησε ένα μεγάλο εργοστάσιο με εκατό εργάτες να δουλεύουν γι' αυτόν και δώδεκα λογιστές να του κάνουν λογαριασμούς. Αγόρασε τέσσερα αυτοκίντα και δύο νταλίκες. Τις νταλίκες δεν τις ήθελε για να πηγαίνει βόλτα, αλλά για να μεταφέρει την ξυλεία του. Έστελνε μάλιστα και στο εξωτερικό, στη Γαλλία και στη Βουρλανδία.

Και δώστου να λέει ψέματα και δώστου η μύτη του να μεγαλώνει όλο και περισσότερο. Και ο Πινόκιο γινόταν όλο και πιο πλούσιος. Τώρα στο εργοστάσιό του δούλευαν τρεις χιλιάδες πεντακόσιοι εργάτες και τετρακόσιοι είκοσι λογιστές που του έκαναν τους λογαριασμούς.

Δυστυχώς, από τα πολλά ψέματα η φαντασία του είχε στερέψει. Για να βρει ένα καινούριο ψέμα έπρεπε να τριγυρνάει από δω κι από κει, να ακούει τα ψέματα μικρών και μεγάλων και να τα αντιγράφει. Ήταν όμως τόσο φτηνά ψέματα, που κάθε φορά η μύτη του μεγάλωνε μόνο μερικά εκατοστά.

Τότε ο Πινόκιο αποφάσισε να προσλάβει ένα σύμβουλο με κανονικό μισθό. Ο σύμβουλος καθόταν ένα οκτάωρο στο γραφείο του, σκεφτόταν διάφορα ψέματα, τα έγραφε ένα ένα σε χαρτάκια και μετά τα έδινε στο αφεντικό του.

– Πείτε ότι εσείς φτιάξατε τον τρούλο του Αγίου Πέτρου.

– Πείτε ότι το Κολοσσαίο έχει ρόδες και τριγυρνάει στις εξοχές.

– Πείτε ότι πήγατε στο Βόρειο Πόλο, ανοίξατε μια μεγάλη τρύπα και φτάσατε στο Νότιο Πόλο.

Ο σύμβουλος κέρδιζε πολλά χρήματα, αλλά το βράδυ, από τα πολλά ψέματα, τον έπιανε πονοκέφαλος.

– Πείτε ότι ο Μέλανας Δρυμός είναι θείος σας.

– Ότι οι ελέφαντες δεν κοιμούνται ούτε ξαπλωμένοι ούτε όρθιοι, αλλά πάνω στην προβοσκίδα τους.

– Ότι ο Πάδος ποταμός κουράστηκε να εκβάλλει στην Αδριατική και θέλει να πάει στον Ινδικό Ωκεανό.

Τώρα που ο Πινόκιο ήταν ζάμπλουτος, δεν πριόνιζε μόνος τη μύτη του. Τον βοηθούσαν δύο ειδικευμένοι εργάτες με λευκά γάντια και χρυσό πριόνι. Σ’ αυτούς τους εργάτες έδινε δύο μισθούς: έναν για να κάνουν τη δουλειά τους κι άλλον ένα για να κρατάνε το στόμα τους κλειστό. Κάθε τόσο, όταν είχαν πολλή δουλειά, τους έδινε κι ένα ποτήρι νερό.

ΠΡΩΤΟ ΤΕΛΟΣ

Ο Πινόκιο πλούτιζε κάθε μέρα όλο και περισσότερο. Μη νομίζετε όμως ότι ήταν τσιγκούνης. Για παράδειγμα, όλο και κάποιο δωράκι έκανε στο σύμβουλό του: καμιά καραμέλα, κανένα γλειφιτζούρι, κανένα γραμματόσημο από τη Σενεγάλη...

Ο Πινόκιο ήταν το καμάρι του χωριού. Ήθελαν οπωσδήποτε να τον κάνουν δήμαρχο, αλλά εκείνος δε δέχτηκε. Δεν άντεχε να αναλάβει μια τόσο μεγάλη ευθύνη.

– Μα εσείς μπορείτε να κάνετε ένα σωρό πράγματα για το χωριό μας, του έλεγαν.

– Θα τα κάνω όπως και να 'χει. Θα σας φτιάξω παιδικό σταθμό, με τον όρο να πάρει το όνομά μου. Θα φτιάξω κι ένα παγκάκι στο πάρκο του χωριού για να ξεκουράζονται οι γέροι εργάτες.

– Ζήτω ο Πινόκιο! Ζήτω ο Πινόκιο!

Ήταν όλοι τόσο χαρούμενοι, που αποφάσισαν να του στήσουν μνημείο. Πράγματι, του έφτιαξαν ένα μαρμάρινο άγαλμα στην κεντρική πλατεία. Ήταν τρία μέτρα ψηλό και έδειχνε τον Πινόκιο να χαρίζει ένα στρατιωτάκι σε ένα ορφανό παιδάκι που μετά βίας έφτανε τους ενενήντα πέντε πόντους σε ύψος. Τριγύρω, έπαιζε η μπάντα του χωριού. Έριξαν και πυροτεχνήματα. Ήταν μια αξέχαστη γιορτή.

ΔΕΥΤΕΡΟ ΤΕΛΟΣ

Ο Πινόκιο πλούτιζε κάθε μέρα όλο και περισσότερο, και όσο περισσότερο πλούτιζε, τόσο πιο τσιγκούνης γινόταν. Ο σύμβουλός του, που με δυσκολία έβρισκε καινούρια ψέματα, εδώ και καιρό του ζητούσε αύξηση. Εκείνος όμως είχε έτοιμη τη δικαιολογία:

– Έρχεστε και μου ζητάτε αύξηση όταν μόλις χτες σκεφτήκατε ένα φτηνιάρικο ψέμα. Η μύτη μου μεγάλωσε μόνο δώδεκα χιλιοστά. Δώδεκα χιλιοστά ξύλο δε φτάνουν ούτε για οδοντογλυφίδα.

– Έχω οικογένεια, έλεγε ο σύμβουλος. Η τιμή της πατάτας αυξήθηκε.

– Ναι, αλλά μειώθηκε η τιμή του τσουρεκιού. Γιατί δεν αγοράζετε τσουρέκια αντί για πατάτες;

Στο τέλος, ο σύμβουλος άρχισε να μισεί το αφεντικό του. Κι έτσι μέσα του, μαζί με το μίσος, γεννήθηκε και η επιθυμία του να τον εκδικηθεί.

– Θα του δείξω εγώ, μονολογούσε καθώς έγραφε με βαριά καρδιά τα καθημερινά του χαρτάκια.

Και ξαφνικά, σχεδόν χωρίς να το καταλάβει, έγραψε: «Ο συγγραφέας του *Πινόκιο* είναι ο Κάρλο Κολόντι».

Το χαρτάκι αυτό μπλέχτηκε με τα υπόλοιπα ψέματα. Ο Πινόκιο, που δεν είχε ανοίξει βιβλίο στη ζωή του, σκέφτηκε ότι ήταν ένα ψέμα σαν όλα τα άλλα και το απομνημόνευσε για να το ξεφουρνίσει με την πρώτη ευκαιρία.

Κι έτσι, για πρώτη φορά στη ζωή του, και έχοντας πλήρη άγνοια, είπε την αλήθεια. Και μόλις την είπε, όλη η ξυλεία που είχε μαζέψει με τα ψέματά του έγινε σκόνη και πριονίδι. Όλα του τα πλούτη εξαφανίστηκαν λες και τα πήρε μακριά ο άνεμος, έτσι ο Πινόκιο έζησε φτωχός, σε ένα παλιόσπιτο δίχως έπιπλα, δίχως καν ένα μαντίλι για να σκουπίζει τα δάκρυά του.

ΤΡΙΤΟ ΤΕΛΟΣ

Ο Πινόκιο πλούτιζε κάθε μέρα όλο και περισσότερο· και θα γινόταν σίγουρα ο πιο πλούσιος άνθρωπος του κόσμου αν μια μέρα δεν εμφανιζόταν σ' εκείνα τα μέρη ένα ανθρωπάκι που γνώριζε πολλά. Γνώριζε τα πάντα, όπως, για παράδειγμα, ότι τα πλούτη του Πινόκιο θα γίνονταν καπνός την ημέρα που θα αναγκαζόταν να πει την αλήθεια.

– Έτσι κι έτσι, κύριε Πινόκιο. Προσέξτε να μην πείτε ποτέ την παραμικρή αλήθεια, ούτε καν από λάθος, αλλιώς τέρμα τα ψέματα. Καταλάβατε; Ωραία. Μια και το 'φερε η κουβέντα, δική σας είναι αυτή η βίλα;

– Ό...χι, είπε ο Πινόκιο.

– Ε τότε θα την πάρω εγώ. Είναι ό,τι πρέπει για μένα. Και αυτές οι αποθήκες, δικές σας είναι;

– Ό...χι, είπε με βαριά καρδιά ο Πινόκιο, για να αποφύγει την αλήθεια.

– Καταπληκτικά, τότε θα τις πάρω εγώ.

Με αυτό το σύστημα, το ανθρωπάκι πήρε τα αυτοκίνητα, τις νταλίκες, την τηλεόραση και το χρυσό πριόνι. Ο Πινόκιο γινόταν όλο και πιο έξαλλος, αλλά θα έκοβε ακόμη και τη γλώσσα του για να μην πει την αλήθεια.

– Μια και το 'φερε η κουβέντα, είπε στο τέλος το ανθρωπάκι, η μύτη σας είναι δική σας;

Ο Πινόκιο ξέσπασε:

– Ασφαλώς και είναι δική μου! Και δεν μπορείτε να μου την πάρετε! Η μύτη είναι ολοδική μου και αλίμονο σε όποιον την αγγίξει!

– Αυτό είναι αλήθεια, χαμογέλασε το ανθρωπάκι.

Κι εκείνη τη στιγμή, όλα τα ξύλα του Πινόκιο μετατράπηκαν σε πριονίδι, τα πλούτη του έγιναν σκόνη κι ένας δυνατός άνεμος σάρωσε τα πάντα, ακόμη και το μυστηριώδες ανθρωπάκι. Ο Πινόκιο έμεινε μόνος και φτωχός, δίχως ούτε μια τόση δα καραμέλα να βάλει στο στόμα του.

Τα κακόμοιρα τα φαντάσματα

Στον πλανήτη Μπορτ ζούσαν πολλά φαντάσματα. Ζούσαν; Ας πούμε καλύτερα ότι ψευτοζούσαν. Ίσα ίσα που τα έβγαζαν πέρα. Όπως κάνουν όλα τα φαντάσματα σε όλο τον κόσμο, έμεναν σε σπηλιές, σε μισογκρεμισμένα κάστρα, σε εγκαταλειμμένους πύργους και σοφίτες. Μόλις σήμαιναν μεσάνυχτα, έβγαιναν από την κρυψώνα τους και τριγυρνούσαν στον πλανήτη Μπορτ για να τρομάξουν τους κατοίκους του.

Όμως οι κάτοικοι του Μπορτ δεν τρόμαζαν με τίποτα. Ήταν ένας προοδευτικός λαός που δεν πίστευε στα φαντάσματα. Όταν τα έβλεπαν, τα κορόιδευαν, ώσπου εκείνα, ντροπιασμένα, το έβαζαν στα πόδια.

Για παράδειγμα, ένα φάντασμα έσερνε κάτι αλυσίδες κάνοντας έναν τρομερά ανατριχιαστικό θόρυβο. Ένας κάτοικος του έβαλε αμέσως τις φωνές:

– Έι, φάντασμα, οι αλυσίδες σου θέλουν λάδωμα.

Ένα άλλο φάντασμα κουνούσε απειλητικά το λευκό του σεντόνι. Άξαφνα, ένας άλλος Μπορτιανός, πιτσιρίκος μάλλον, του φώναξε:

– Βρε φάντασμα, το σεντόνι σου θέλει πλύσιμο. Πρέπει να του κάνεις βιολογικό καθαρισμό.

Λίγο πριν ξημερώσει, τα φαντάσματα μαζεύονταν στο καταφύγιό τους, κουρασμένα, ταπεινωμένα, πιο αποκαρδιωμένα από ποτέ. Και τότε άρχιζαν την γκρίνια, την κλάψα και το παράπονο.

– Δεν μπορώ να το πιστέψω! Ξέρετε τι μου είπε μια κυρία που καθόταν στη βεράντα της; «Πρόσεξε γιατί έχεις αργήσει», μου είπε, «πάει πίσω το ρολόι σου. Μα καλά, τόσα φαντάσματα είστε. Δεν έχετε κανένα ρολογά να σας τα φτιάξει;»

– Εγώ να δεις τι έπαθα. Μου κόλλησαν σε μια πόρτα ένα σημείωμα που έλεγε: «Αξιότιμο φάντασμα, αφού τελειώσετε τη βόλτα σας, έχετε την καλοσύνη να κλείσετε την πόρτα; Τις προάλλες την αφήσατε ανοιχτή και το σπίτι γέμισε αδέσποτα γατιά που καταβρόχθισαν το γάλα της γατούλας μας».

– Δεν υπάρχει πια σεβασμός απέναντι στα φαντάσματα.

– Καμία εκτίμηση.

– Κάτι πρέπει να κάνουμε.

– Τι; Για πείτε.

Ένα φάντασμα πρότεινε να κάνουν πορεία διαμαρτυρίας. Ένα άλλο πρότεινε να σημάνουν όλες μαζί οι καμπάνες του πλανήτη. Έτσι τουλάχιστον οι Μπορτιανοί δε θα μπορούσαν να κλείσουν μάτι.

Στο τέλος, το λόγο πήρε ένα ηλικιωμένο και σοφό φάντασμα.

– Κυρίες και κύριοι, είπε ενώ μπάλωνε ένα παλιό σεντόνι, αγαπητοί φίλοι, δεν μπορούμε να κάνουμε τίποτα. Είναι αδύνατον να ξανατρομάξουμε τους Μπορτιανούς. Έχουν συνηθίσει τη φασαρία μας, γνωρίζουν όλα μας τα κόλπα και οι ομαδικές μας εμφανίσεις δεν τους εντυπωσιάζουν πια. Δεν μπορούμε να κάνουμε τίποτε άλλο... εδώ πέρα.

– Τι πάει να πει «εδώ πέρα»;

– Εννοώ... σ' αυτό τον πλανήτη. Πρέπει να μεταναστεύσουμε, να φύγουμε...

– Ναι, καλά! Και να πάμε σε κανέναν άλλο πλανήτη που θα έχει μόνο μύγες και κουνούπια.

– Όχι, αγαπητέ. Εγώ ξέρω τον κατάλληλο πλανήτη.

– Πώς τον λένε; Πώς τον λένε;

– Ονομάζεται Γη. Βλέπετε αυτή τη φωτεινή γαλάζια κουκκίδα εκεί κάτω; Αυτή είναι η Γη. Έμαθα από έγκυρες και αξιόπιστες πηγές ότι στη Γη ζουν εκατομμύρια παιδιά που μόλις ακούν τη λέξη φάντασμα κρύβονται κάτω από τις κουβέρτες τους.

– Τι ωραία!

– Λέτε να είναι αλήθεια;

– Μου το είπε κάποιος που δεν έχει πει ποτέ ψέματα στη ζωή του, είπε το ηλικιωμένο φάντασμα.

– Να ψηφίσουμε! Να ψηφίσουμε! ακούστηκαν πολλές φωνές.

– Τι να ψηφίσουμε;

– Όποιος συμφωνεί να μεταναστεύσουμε στον πλανήτη Γη να κουνήσει το σεντόνι του. Περιμένετε να σας μετρήσω... ένας, δύο, τρεις... σαράντα... σαράντα χιλιάδες...

γάλα

σαράντα εκατομμύρια... Ποιος είναι αντίθετος; Ένας, δύο... Λοιπόν, η πλειοψηφία αποφάσισε: φεύγουμε.

– Θα φύγουν και όσοι έχουν αντίθετη άποψη;

– Εννοείται. Η μειοψηφία ακολουθεί την πλειοψηφία.

– Πότε φεύγουμε;

– Αύριο βράδυ, μόλις σκοτεινιάσει.

Και το επόμενο βράδυ, πριν ξεπροβάλει κάποιο φεγγάρι (ο πλανήτης Μπορτ έχει δεκατέσσερα και είναι άξιο απορίας πώς μπορούν να περιφέρονται γύρω του χωρίς να συγκρούονται), τα φαντάσματα του Μπορτ μπήκαν στη σειρά, κούνησαν τα σεντόνια τους σαν αθόρυβα φτερά... και βάλθηκαν να πετάνε στο διάστημα σαν αμέτρητοι λευκοί πύραυλοι.

– Δεν πιστεύω να πάρουμε λάθος δρόμο, ε;

– Μη φοβάστε. Ο γέροντας ξέρει απέξω κι ανακατωτά τους δρόμους του ουρανού, σαν τις τρύπες του σεντονιού του...

ΠΡΩΤΟ ΤΕΛΟΣ

...Μέσα σε λίγα λεπτά, ταξιδεύοντας με την ταχύτητα του φωτός, τα φαντάσματα προσγειώθηκαν στη Γη, στην πλευρά που εκείνη τη στιγμή βρισκόταν βυθισμένη στο σκοτάδι. Εκεί όπου μόλις είχε νυχτώσει.

– Ήρθε η ώρα να χωριστούμε, είπε το ηλικιωμένο φάντασμα. Ο καθένας θα τριγυρίζει μόνος του και θα κάνει ό,τι πειράματα θέλει. Πριν από την αυγή θα βρεθούμε στο ίδιο σημείο και θα συζητήσουμε την κατάσταση. Σύμφωνοι; Δρόμο τώρα! Δρόμο!

Τα φαντάσματα σκορπίστηκαν στο σκοτάδι προς όλες τις κατευθύνσεις.

Όταν επέστρεψαν, ήταν τέτοια η χαρά τους, που δεν τους χωρούσαν τα σεντόνια τους.

– Παιδιά, τι γλέντι ήταν αυτό!

– Τι τύχη!

– Τι χαρά!

– Ποιος θα το περίμενε ότι υπάρχει ακόμα τόσος κόσμος που πιστεύει στα φαντάσματα!

– Και όχι μόνο τα παιδιά. Μέχρι και οι μεγάλοι τα πιστεύουν!

– Και πόσοι μορφωμένοι άνθρωποι!

– Εγώ τρόμαξα ένα γιατρό!

– Εγώ έκοψα τη χολή ενός στρατιωτικού!

– Επιτέλους, βρήκαμε τον πλανήτη που μας ταιριάζει. Ψηφίζω να μείνουμε.

– Κι εγώ!

– Κι εγώ!

Κι αυτή τη φορά, στην ψηφοφορία, δεν υπήρχε ούτε ένα σεντόνι αντίθετο.

ΔΕΥΤΕΡΟ ΤΕΛΟΣ

...Μέσα σε λίγα λεπτά, ταξιδεύοντας με την ταχύτητα του φωτός, τα φαντάσματα του Μπορτ έφτασαν πολύ μακριά από τον πλανήτη τους. Δυστυχώς, από τη βιασύνη τους να φύγουν, δεν πρόσεξαν ότι στην κεφαλή της πομπής είχαν μπει εκείνα τα δύο φαντάσματα που είχαν ψηφίσει κατά του ταξιδιού στη Γη. Και τα δύο ήταν συμπατριώτες μου. Με άλλα λόγια, ήταν δύο φαντάσματα από το Μιλάνο, που το είχαν σκάσει από την πρωτεύουσα της Λομβαρδίας για να γλιτώσουν από μια ομάδα Μιλανέζων εξοπλισμένων με σάπιες ντομάτες. Προσγειώθηκαν στα κρυφά στον πλανήτη Μπορτ και μπλέχτηκαν με τα ντόπια φαντάσματα. Από τότε, ούτε λόγος να επιστρέψουν στη Γη. Αλίμονό τους όμως αν παραδέχονταν πως ήταν παράνομοι. Κι έτσι, κατέστρωσαν το σχέδιό τους. Κι αφού το κατέστρωσαν, το εφάρμοσαν κιόλας.

Κι εκεί που όλοι νόμιζαν ότι τους καθοδηγούσε το ηλικιωμένο σοφό φάντασμα, εκείνα, βλέποντας ότι ο γέροντας είχε αποκοιμηθεί καθώς πετούσε, μπήκαν πρώτα πρώτα στη σειρά. Κι έτσι, αντί να ξεκινήσουν για τη Γη, έβαλαν πλώρη για τον πλανήτη Τσίμπα Τσίμπα, που απείχε από τη Γη τριακόσια εκατομμύρια δισεκατομμύρια χιλιόμετρα και επτά εκατοστά. Στον πλανήτη αυτό ζούσε μια φυλή από φοβητσιάρηδες βάτραχους. Τα φαντάσματα του Μπορτ πέρασαν καλά εκεί, τουλάχιστον για μερικούς αιώνες. Όμως, όσο περνούσε ο καιρός, μέχρι και τα βατραχάκια του Τσίμπα Τσίμπα σταμάτησαν να φοβούνται τα φαντάσματα.

ΤΡΙΤΟ ΤΕΛΟΣ

...Μέσα σε λίγα λεπτά, ταξιδεύοντας με την ταχύτητα του φωτός, τα φαντάσματα του Μπορτ βρέθηκαν κοντά στη Σελήνη και ετοιμάστηκαν να αποβιβαστούν στη Γη για να πιάσουν δουλειά. Ξαφνικά, είδαν μια άλλη πομπή από φαντάσματα να τους πλησιάζει στο διάστημα.

– Έι! Ποιοι είστε εσείς!

– Εσείς ποιοι είστε;

– Δεν πάει έτσι. Εμείς ρωτήσαμε πρώτοι. Απαντήστε.

– Είμαστε τα φαντάσματα του πλανήτη Γη. Φεύγουμε επειδή στη Γη κανείς δε φοβάται πια τα φαντάσματα.

– Και πού πηγαίνετε;

– Πηγαίνουμε στον πλανήτη Μπορτ. Λένε ότι εκεί έχει μπόλικη δουλειά.

– Κακομοίρηδες! Μα είστε με τα καλά σας; Εμείς το

σκάμε από τον Μπορτ επειδή κανείς δε δίνει σημασία στα φαντάσματα.

- Ποπό, αυτό μας έλειπε τώρα. Τι θα κάνουμε;

- Ελάτε μαζί μας. Πάμε να βρούμε κανένα λαό με φοβητσιάρηδες. Όλο και κάποιος θα 'χει απομείνει στο απέραντο διάστημα...

- Σωστά! Πάμε...

Κι έτσι έγινε. Οι δύο πομπές έγιναν μία και βυθίστηκαν στην άβυσσο, μουρμουρίζοντας όλο γκρίνια.

Ο σκύλος που δεν ήξερε να γαβγίζει

Μια φορά κι έναν καιρό, ήταν ένας σκύλος που δεν ήξερε να γαβγίζει. Δε γάβγιζε, δε νιαούριζε, δε μούγκριζε, δε χλιμίντριζε, δεν μπορούσε να βγάλει κανέναν ήχο. Ήταν ένα μοναχικό σκυλάκι που, ένας Θεός ξέρει πώς, είχε βρεθεί σε μια χώρα χωρίς σκύλους. Αν ήταν στο χέρι του, δε θα καταλάβαινε ποτέ πως κάτι του έλειπε. Οι άλλοι ήταν αυτοί που του 'χαν βάλει την ιδέα, γιατί του έλεγαν διαρκώς:

– Μα καλά, εσύ δε γαβγίζεις;

– Δεν μπορώ... δεν είμαι από δω...

– Άκου απάντηση. Καλά, δεν ξέρεις ότι τα σκυλιά γαβγίζουν;

– Για ποιο λόγο;

– Γαβγίζουν γιατί είναι σκυλιά. Γαβγίζουν στους περαστικούς, στις ενοχλητικές γάτες, όταν έχει πανσέληνο. Γαβγίζουν όταν είναι χαρούμενα, όταν είναι νευρικά, όταν είναι θυμωμένα. Κυρίως τη μέρα, αλλά και τη νύχτα.

– Μπορεί να είναι έτσι, αλλά εγώ...

– Εσύ τι πράγμα; Εσύ είναι φαινόμενο, παιδί μου. Να δεις που μια μέρα θα σε γράψουν οι εφημερίδες.

Ο σκύλος δεν ήξερε τι να απαντήσει σε όλες αυτές τις κριτικές που του έκαναν. Δεν ήξερε να γαβγίζει και δεν ήξερε τι έπρεπε να κάνει για να μάθει.

– Κάνε ό,τι κάνω κι εγώ, του είπε μια μέρα ένα κοκοράκι που τον λυπήθηκε.

Κι έβγαλε δυο τρία δυνατά *κικιρίκου.*

– Δύσκολο μου φαίνεται, είπε το σκυλάκι.

– Μα τι λες; Είναι πανεύκολο. Άκουσέ με καλά και πρόσεξε το ράμφος μου. Τέλος πάντων, κοίταξέ με και προσπάθησε να με μιμηθείς.

Το κοκοράκι έβγαλε κι άλλο ένα *κικιρίκου.*

Ο σκύλος προσπάθησε να κάνει το ίδιο, αλλά το μόνο που βγήκε από το στόμα του ήταν ένα αδέξιο «κεκέ», που έκανε τις κοτούλες να το βάλουν στα πόδια.

– Δεν πειράζει, είπε το κοκοράκι. Για πρώτη φορά τα πήγες καλούτσικα. Έλα, ξαναπροσπάθησε.

Το σκυλάκι προσπάθησε μία, δύο, τρεις φορές ακόμη. Προσπαθούσε κάθε μέρα. Έκανε εξάσκηση στα κρυφά, πρωί βράδυ. Καμιά φορά, για να εξασκείται με την ησυχία του, πήγαινε στο δάσος. Ένα πρωί, ενώ βρισκόταν στο δάσος, του βγήκε ένα *κικιρίκου* τόσο αληθινό, τόσο ωραίο και δυνατό, που η αλεπού το άκουσε και μονολόγησε: «Επιτέλους, ο κόκορας ήρθε στα μέρη μου. Θα τρέξω να τον ευχαριστήσω που με επισκέφτηκε...» Και πράγματι βάλθηκε να τρέχει, φροντίζοντας όμως πρώτα να πάρει μαζί της πιρούνι, μαχαίρι και πετσέτα. Βλέπετε, για μια αλεπού δεν υπάρχει πιο νόστιμο πρωινό από ένα ωραίο κοκοράκι. Καταλαβαίνετε βέβαια πόσο απογοητεύτηκε μόλις, αντί για κόκορα, αντίκρισε ένα σκύλο που έλεγε το ένα *κικιρίκου* μετά το άλλο.

– Μάλιστα, είπε η αλεπού. Ώστε έτσι λοιπόν. Μου έστησες παγίδα.

– Παγίδα;

– Μα και βέβαια. Μ' έκανες να πιστέψω ότι κάποιος κόκορας χάθηκε στο δάσος και κρύφτηκες για να με γραπώσεις. Πάλι καλά που σε είδα εγκαίρως. Αυτό που έκανες, όμως, λέγεται παράνομο κυνήγι. Τα σκυλιά, συνήθως, γαβγίζουν για να με προειδοποιήσουν ότι έρχονται οι κυνηγοί.

– Πίστεψέ με, εγώ... Αν θες να μάθεις, ούτε καν που μου πέρασε από το μυαλό το κυνήγι. Ήρθα εδώ για εξάσκηση.

– Εξάσκηση; Σε ποιο πράγμα;

– Εξασκούμαι για να μάθω να γαβγίζω. Είμαι σχεδόν έτοιμος. Άκου τι καλά που το κάνω.

Και βγάζει ένα εκκωφαντικό *κικιρίκου.*

Η αλεπού κόντεψε να σκάσει από τα γέλια. Κυλιόταν στο χώμα, κρατούσε την κοιλιά της, δάγκωνε τα μουστάκια και την ουρά της. Το σκυλάκι μας ένιωσε τόσο ταπεινωμένο, που έφυγε σιωπηλό, με κατεβασμένη τη μουσούδα και δάκρυα στα μάτια.

Εκεί κοντά βρισκόταν ένας κούκος. Είδε να περνάει το σκυλί και το λυπήθηκε η ψυχή του.

- Τι έπαθες;

- Τίποτα.

- Και τότε γιατί είσαι τόσο στενοχωρημένος;

- Ε... να... επειδή δεν μπορώ να γαβγίσω. Κατάλαβες τώρα;

- Αν είναι γι' αυτό, τότε θα σε μάθω εγώ. Άκου προσεκτικά τι κάνω και προσπάθησε να το επαναλάβεις: *κούκου... κούκου... κούκου...* Κατάλαβες;

- Εύκολο μου ακούγεται.

- Πανεύκολο. Εγώ το κάνω από μικρός. Προσπάθησε κι εσύ: *κούκου... κούκου...*

- *Κου...*, έκανε ο σκύλος. *Κου...*

Προσπάθησε εκείνη τη μέρα, ξαναπροσπάθησε την επόμενη. Μέσα σε μία βδομάδα τα πήγαινε μια χαρά. Ήταν τρισευτυχισμένος και σκεφτόταν: «Επιτέλους, αρχίζω να γαβγίζω κανονικά. Δεν πρόκειται να με ξανακοροϊδέψει κανείς».

Εκείνες τις μέρες ξεκινούσε η περίοδος του κυνηγιού. Στο δάσος κατέφτασαν πολλοί κυνηγοί. Ακόμη κι εκείνοι που πυροβολούσαν ό,τι έβλεπαν ή άκουγαν. Αυτοί ήταν ικανοί να πυροβολήσουν ακόμη και αηδόνι. Πέρασε λοιπόν ένας τέτοιος κυνηγός, άκουσε πίσω από ένα θάμνο *κούκου... κούκου,* άρπαξε το όπλο του και... *μπαμ! μπουμ!* έριξε δυο τουφεκιές.

Οι σφαίρες, για καλή του τύχη, δε βρήκαν το σκύλο. Απλώς πέρασαν ξυστά από τα αυτιά του, κάνοντας *φσσς φσσς,* όπως στα κόμικς. Το σκυλί το έβαλε στα πόδια απορώντας: «Αυτός ο κυνηγός μάλλον τρελάθηκε για να πυροβολεί και τα σκυλιά που γαβγίζουν...»

Στο μεταξύ, ο κυνηγός έψαχνε το πουλί. Ήταν απολύτως βέβαιος πως το είχε σκοτώσει.

– Να δεις που μάλλον θα το άρπαξε αυτό το παλιόσκυλο. Ποιος ξέρει από πού ξεφύτρωσε, μουρμούριζε.

Και για να ξεθυμάνει, πυροβόλησε έναν ποντικό που είχε ξεμυτίσει από τη φωλιά του, αλλά δεν τον πέτυχε.

Ο σκύλος έτρεχε κι έτρεχε...

ΠΡΩΤΟ ΤΕΛΟΣ

Ο σκύλος έτρεχε κι έτρεχε, ώσπου βρέθηκε σε ένα λιβάδι όπου έβοσκε αμέριμνη μια αγελαδίτσα.

– Για πού το 'βαλες έτσι βιαστικός;

– Δεν ξέρω.

– Ε τότε σταμάτα. Εδώ έχει υπέροχο χορτάρι.

– Δεν πρόκειται να γίνω καλά με το χορτάρι...

– Είσαι άρρωστος;

– Κάθε άλλο. Απλώς δεν μπορώ να γαβγίσω.

– Μα καλά, αυτό είναι το πιο εύκολο πράγμα στον κόσμο! Για άκουσέ με *μουου... μουου... μουουου...* Είδες τι ωραία πού το κάνω;

– Δεν ακούγεται άσχημα. Δεν είμαι, όμως, σίγουρος ότι είναι ο σωστός τρόπος. Εσύ είσαι αγελάδα...

– Φυσικά και είμαι αγελάδα.

– Εγώ, όμως, όχι. Εγώ είμαι σκύλος.

– Φυσικά και είσαι σκύλος. Και τι μ' αυτό; Αυτό δε σ' εμποδίζει να μάθεις τη γλώσσα μου.

– Φοβερή ιδέα! Φοβερή! αναφώνησε ο σκύλος.

– Ποια;

– Αυτή που μόλις μου ’ρθε στο μυαλό. Θα μάθω τις φωνές όλων των ζώων και θα με προσλάβουν στο τσίρκο. Θα καταπλήξω τα πλήθη, θα γίνω πλούσιος και θα παντρευτώ την κόρη του βασιλιά. Του βασιλιά των σκύλων, εννοείται.

– Μπράβο, πολύ ωραία ιδέα. Γρήγορα, ας το ρίξουμε στη δουλειά. Άκουσέ με προσεκτικά: *μουου... μουου... μουουου...*

– *Μουου...*, έκανε ο σκύλος.

Ο σκύλος αυτός μπορεί να μη γάβγιζε, είχε όμως μεγάλη κλίση στις ξένες γλώσσες.

ΔΕΥΤΕΡΟ ΤΕΛΟΣ

Ο σκύλος έτρεχε κι έτρεχε, ώσπου συνάντησε ένα χωρικό.

– Για πού το ’βαλες;

– Δεν έχω ιδέα.

– Ε τότε έλα σπίτι μου. Χρειάζομαι ένα σκύλο που θα μου φυλάει το κοτέτσι.

– Πολύ ευχαρίστως να έρθω, αλλά σας προειδοποιώ: δεν μπορώ να γαβγίσω.

– Καλύτερα. Τα σκυλιά που γαβγίζουν φοβίζουν τους ληστές και μετά αυτοί το βάζουν στα πόδια. Εσένα, όμως, δε θα σε ακούνε, θα πλησιάζουν και τότε θα τους δαγκώνεις. Έτσι θα πάρουν την τιμωρία που τους αξίζει.

– Σύμφωνοι, είπε ο σκύλος.

Κι έτσι, ο σκύλος που δεν μπορούσε να γαβγίσει απέκτησε δουλειά, αλυσίδα και μια γαβάθα σούπα κάθε μέρα.

ΤΡΙΤΟ ΤΕΛΟΣ

Ο σκύλος έτρεχε κι έτρεχε, ώσπου ξαφνικά σταμάτησε. Τι παράξενη φωνή ήταν αυτή που άκουσε. *Γαβ γαβ*, έκανε. *Γαβ γαβ.*

«Αυτή η φωνή κάτι μου λέει», σκέφτηκε ο σκύλος. «Κι όμως, δεν μπορώ να καταλάβω τι ζώο είναι αυτό που κάνει έτσι».

– *Γαβ γαβ.*

«Μήπως είναι καμηλοπάρδαλη; Όχι, μάλλον είναι κροκόδειλος. Είναι άγριο ζώο ο κροκόδειλος. Πρέπει να πλησιάσω προσεκτικά».

Γλιστρώντας ανάμεσα στους θάμνους, το σκυλάκι προχώρησε προς τα εκεί όπου ακουγόταν αυτό το *γαβ γαβ.* Άγνωστο γιατί, αλλά αυτός ο ήχος έκανε την καρδιά του να χτυπάει δυνατά.

– *Γαβ γαβ.*

– Όπα, κι άλλο σκυλί.

Αν θέλετε να ξέρετε, ήταν το σκυλί εκείνου του κυνηγού ο οποίος λίγο νωρίτερα είχε πυροβολήσει ακούγοντας το *κούκου.*

– Γεια σου, σκύλε.

– Γεια σου, σκύλε.

– Μπορείς να μου πεις τι ήχος είναι αυτός που βγάζεις;

– Ήχος; Σε πληροφορώ ότι εγώ δε βγάζω ήχους, εγώ γαβγίζω.

– Γαβγίζεις; Ξέρεις να γαβγίζεις;

– Φυσικά. Τι περίμενες δηλαδή; Ότι θα σάλπιζα σαν ελέφαντας ή ότι θα βρυχιόμουν σαν λιοντάρι;

– Θα με μάθεις κι εμένα;

– Δεν ξέρεις να γαβγίζεις;

– Όχι.

– Άκου και κοίταξέ με καλά. Έτσι γίνεται: *γαβ γαβ...*

– *Γαβ γαβ,* είπε αμέσως το σκυλάκι μας.

Και μέσα του σκεφτόταν, συγκινημένο κι ευτυχισμένο: «Επιτέλους, βρήκα το δάσκαλό μου».

Το σπίτι στην έρημο

Μια φορά κι έναν καιρό, ήταν ένας πολύ πλούσιος κύριος. Πιο πλούσιος κι απ' τον πιο πλούσιο Αμερικανό δισεκατομμυριούχο. Πιο πλούσιος κι από το Σκρουτζ Μακ Ντακ. Πάρα μα πάρα πολύ πλούσιος. Είχε ολόκληρες αποθήκες φορτωμένες νομίσματα, από το πάτωμα ως το ταβάνι κι απ' το υπόγειο ως τη σοφίτα. Νομίσματα χρυσά, ασημένια, χάλκινα. Νομίσματα των πεντακοσίων, των εκατό, των πενήντα. Σουηδικές κορόνες, ελβετικά φράγκα, εγγλέζικες λίρες, δολάρια, ρούβλια, ζλότι, δηνάρια. Εκατοντάδες κιλά, τόνους από κάθε ποιότητα και από κάθε χώρα. Και είχε χιλιάδες σφραγισμένα μπαούλα γεμάτα χαρτονομίσματα.

Αυτό τον κύριο τον έλεγαν Πουκ.

Ο κύριος Πουκ αποφάσισε να φτιάξει ένα σπίτι.

– Θα το χτίσω στην έρημο, είπε. Μακριά από τους πάντες και τα πάντα.

Στην έρημο δεν υπάρχουν πέτρες για να χτίσει κανείς σπίτι, ούτε τούβλα ούτε ασβέστης ούτε ξύλα ούτε μάρμαρα. Δεν υπάρχει τίποτε άλλο εκτός από άμμο.

– Ακόμη καλύτερα, είπε ο κύριος Πουκ. Θα φτιάξω

ένα σπίτι από χρήματα. Αντί για πέτρες, τούβλα, ξύλο ή μάρμαρο, θα χρησιμοποιήσω τα νομίσματά μου.

Φώναξε έναν αρχιτέκτονα για να του φτιάξει τα σχέδια του σπιτιού.

– Θέλω τριακόσια εξήντα πέντε δωμάτια, είπε ο κύριος Πουκ. Ένα για κάθε μέρα του χρόνου. Το σπίτι θα έχει δώδεκα ορόφους, έναν για κάθε μήνα του χρόνου. Και θέλω πενήντα δύο σκάλες, μία για κάθε εβδομάδα του χρόνου. Τα πάντα θα είναι φτιαγμένα από νομίσματα, συνεννοηθήκαμε;

– Μα όλο και κάποιο καρφί θα χρειαστώ...

– Αποκλείεται. Αν χρειαστείτε, πάρτε τα χρυσά μου νομίσματα, λιώστε τα και φτιάξτε χρυσά καρφιά.

– Θα χρειαστούμε και κεραμίδια για τη στέγη...

– Αποκλείεται. Θα χρησιμοποιήσετε τα ασημένια μου νομίσματα και θα φτιάξετε μια πολύ γερή στέγη.

Ο αρχιτέκτονας έφτιαξε τα σχέδια. Χρειάστηκαν τρεισήμισι χιλιάδες νταλίκες που μετέφεραν καταμεσής της ερήμου όλα τα απαραίτητα νομίσματα για να χτιστεί το σπίτι.

Χρειάστηκαν τετρακόσιες σκηνές για να φιλοξενηθούν οι εργάτες.

Και ύστερα ξεκίνησε η δουλειά. Έσκαψαν τα θεμέλια και, αντί για τσιμέντο, έριξαν ολόκληρα φορτηγά γεμάτα νομίσματα. Και για να φτιάξουν τους τοίχους, έστησαν σειρές από νομίσματα, το ένα επάνω στο άλλο. Ένα νόμισμα, λίγος ασβέστης κι άλλο ένα νόμισμα.

Ο πρώτος όροφος χτίστηκε από φράγκα του Μπουρούντι. Και ο δεύτερος από δολάρια και σεντς.

Σειρά είχαν οι πόρτες. Και αυτές φτιάχτηκαν από νομίσματα κολλημένα το ένα πάνω στ' άλλο. Και μετά τα παράθυρα. Όλα χωρίς τζάμια. Υπήρχαν μονάχα μεξικάνικα και ινδικά κέρματα, κολλημένα γερά και επενδυμένα με τούρκικα και σουηδικά χαρτονομίσματα. Η στέγη, τα κεραμίδια, το τζάκι, όλα ήταν φτιαγμένα από κέρματα. Τα έπιπλα, οι μπανιέρες, οι βρύσες, τα χαλιά, τα σκαλοπάτια,

τα κάγκελα του κελαριού, το μπάνιο ήταν φτιαγμένα από νομίσματα. Νομίσματα, νομίσματα, παντού νομίσματα, μονάχα νομίσματα.

Κάθε βράδυ, μόλις οι εργάτες τελείωναν τη δουλειά τους, ο κύριος Πουκ τους έκανε σωματική έρευνα για να βεβαιωθεί ότι δεν είχαν κρύψει κανένα νόμισμα στις τσέπες ή στα παπούτσια τους. Τους υποχρέωνε να βγάζουν τη γλώσσα τους, γιατί όλο και κάποια ρουπία, πιάστρα ή λίρα μπορεί να είχαν κρύψει από κάτω.

Μόλις τελείωσε το χτίσιμο, του περίσσεψαν βουνά από νομίσματα. Ο κύριος Πουκ έβαλε τους εργάτες να του τα μεταφέρουν στα υπόγεια και στις σοφίτες. Γέμισε ολόκληρα δωμάτια, αφήνοντας μόνο ένα στενό πέρασμα ανάμεσα στους σωρούς των νομισμάτων, για να περνάει και να κάνει τους λογαριασμούς του.

Ήρθε ο καιρός που έφυγαν όλοι: ο αρχιτέκτονας, ο εργολάβος, οι εργάτες, οι φορτηγατζήδες. Ο κύριος Πουκ απέμεινε μόνος στο απέραντο χτισμένο από νομίσματα σπίτι του. Νομίσματα κάτω απ' τα πόδια του, νομίσματα πάνω απ' το κεφάλι του, νομίσματα δεξιά, νομίσματα αριστερά, νομίσματα μπροστά, πίσω και όπου έπεφτε το μάτι. Παντού, όπου κι αν γύριζε το κεφάλι, έβλεπε νομίσματα και πάλι νομίσματα. Ακόμη κι αν στεκόταν με το κεφάλι κάτω και τα πόδια πάνω, πάλι νομίσματα έβλεπε. Από τους τοίχους κρέμονταν εκατοντάδες πολύτιμοι πίνακες. Μόνο που οι πίνακες αυτοί δεν είχαν ζωγραφιές. Είχαν νομίσματα κορνιζαρισμένα και οι κορνίζες τους ήταν και αυτές φτιαγμένες από νομίσματα. Υπήρχαν εκατοντάδες αγάλματα, φτιαγμένα από μπρούντζινα, χάλκινα και σιδερένια νομίσματα.

Γύρω από τον κύριο Πουκ και το σπίτι του απλωνόταν η έρημος, που χανόταν στα τέσσερα σημεία του ορίζοντα. Καμιά φορά, φυσούσε βοριάς ή νοτιάς, που έκανε τις πόρτες και τα παράθυρα να χτυπούν βγάζοντας έναν ασυνήθιστο θόρυβο, ένα μελωδικό κουδούνισμα. Στο άκουσμά του, το έμπειρο αυτί του κυρίου Πουκ κατάφερνε να ξεχωρίσει το νόμισμα κάθε χώρας: «Να, αυτό το *ντιν* το κάνουν οι δανέζικες κορόνες, κι αυτό το *νταν* οι σουηδικές... Να, αυτός είναι ο ήχος της Βραζιλίας, της Ζάμπιας, της Γουατεμάλας...»

Όταν ο κύριος Πουκ ανέβαινε τη σκάλα, αναγνώριζε τα νομίσματα που πατούσε δίχως καν να τα κοιτάξει, από το τρίξιμο της σόλας του (είχε πολύ ευαίσθητα πόδια). Και ανεβαίνοντας με κλειστά μάτια μουρμούριζε: Μογγολία, Ινδία, Ινδονησία, Ισλανδία, Γκάνα, Ιαπωνία, Νότια Αφρική...

Και φυσικά κοιμόταν σε ένα κρεβάτι από νομίσματα. Είχε παλιά χρυσά ναπολεόνια για κεφαλάρι, και για σεντόνια χαρτονομίσματα των εκατό λιρών, διπλοραμμένα. Άλλαζε σεντόνια κάθε μέρα, γιατί ήταν μανιακός με την καθαριότητα. Τα χρησιμοποιημένα σεντόνια τα έβαζε στο χρηματοκιβώτιο.

Για να κοιμηθεί διάβαζε βιβλία από τη βιβλιοθήκη. Οι τόμοι ήταν φτιαγμένοι από χαρτονομίσματα των πέντε ηπείρων, δεμένοι με πολλή φροντίδα. Ο κύριος Πουκ δεν κουραζόταν ποτέ να τους ξεφυλλίζει, γιατί ήταν πολύ καλλιεργημένο άτομο.

Μια νύχτα, την ώρα που ξεφύλλιζε ένα βιβλίο από χαρτονομίσματα της Εθνικής Τράπεζας της Αυστραλίας...

ΠΡΩΤΟ ΤΕΛΟΣ

Μια νύχτα, ο κύριος Πουκ άκουσε να χτυπάει μία από τις πόρτες του σπιτιού του και, δίχως να κάνει λάθος, είπε:

– Είναι η πόρτα με τα παλιά τάλιρα της Μαρίας Θηρεσίας.

Πήγε να δει ποιος χτυπούσε και πράγματι δεν είχε κάνει λάθος πόρτα. Ήταν κάποιοι ληστές.

– Το πορτοφόλι σου ή τη ζωή σου.

– Σας παρακαλώ, κύριοι, ελάτε να δείτε μόνοι σας. Δεν έχω ούτε πορτοφόλια ούτε τσάντες.

Οι ληστές μπήκαν χωρίς να δώσουν σημασία στους τοίχους, στις πόρτες, στα παράθυρα και στα έπιπλα. Έψαξαν το χρηματοκιβώτιο, που ήταν γεμάτο σεντόνια. Σιγά μην κάθονταν να ελέγξουν αν ήταν λινά ή χάρτινα. Σε ολόκληρο το σπίτι, από τον πρώτο ως το δωδέκατο όροφο, δεν υπήρχε ούτε μία τσάντα, ούτε ένα τόσο δα πορτοφολάκι. Το μόνο που αντίκρισαν ήταν κάτι παράξενες στοίβες σε όλα τα δωμάτια, στο υπόγειο, στις σοφίτες. Όμως, μέσα στο σκοτάδι δεν μπορούσαν να καταλάβουν τι ήταν. Κι άλλωστε οι ληστές είναι άνθρωποι που ξέρουν τι θέλουν, κι αυτοί ήθελαν το πορτοφόλι του. Μόνο που ο κύριος Πουκ δεν είχε.

Στην αρχή οι ληστές θύμωσαν και μετά έβαλαν τα κλάματα, γιατί είχαν διασχίσει όλη την έρημο κι έπρεπε να ξανακάνουν την ίδια διαδρομή με άδεια χέρια. Ο κύ-

Porta

ριος Πουκ, για να τους παρηγορήσει, τους κέρασε μια δροσερή λεμονάδα. Ύστερα, μέσα στη νύχτα, οι ληστές έφυγαν κλαίγοντας και ποτίζοντας την άμμο με τα δάκρυά τους. Από κάθε δάκρυ φύτρωσε ένα λουλούδι. Την επόμενη μέρα, ο κύριος Πουκ αντίκρισε από το σπίτι του μια υπέροχη θέα.

ΔΕΥΤΕΡΟ ΤΕΛΟΣ

Μια νύχτα, ο κύριος Πουκ άκουσε μια πόρτα να χτυπάει. Μάντεψε σωστά: «Είναι η πόρτα μ' εκείνα τα παλιά τάλιρα των Νεγκούς της Αιθιοπίας».

Άνοιξε την πόρτα και αντίκρισε δύο παιδάκια χαμένα στην έρημο. Κρύωναν, πεινούσαν κι έκλαιγαν.

– Ελεήστε μας.

Ο κύριος Πουκ τους έκλεισε την πόρτα στα μούτρα. Εκείνα όμως συνέχισαν να χτυπάνε. Στο τέλος, ο κύριος Πουκ τα λυπήθηκε και τους είπε:

– Πάρτε αυτή την πόρτα.

Τα παιδιά την πήραν. Ήταν βαριά μα ολόχρυση. Αν την κουβαλούσαν ως το σπίτι τους, θα μπορούσαν ν' αγοράσουν γάλα και γλυκά.

Μια άλλη μέρα ήρθαν άλλα δύο φτωχά παιδάκια και ο κύριος Πουκ τους χάρισε μια άλλη πόρτα. Ύστερα διαδόθηκε η φήμη ότι ο κύριος Πουκ είχε γίνει γενναιόδωρος κι έτσι άρχισαν να καταφτάνουν φτωχοί από όλα τα μέρη της Γης· και κανείς τους δεν έφευγε με άδεια χέρια. Ο κύριος Πουκ χάρισε σε κάποιον ένα παράθυρο, σ' έναν άλλο μια καρέκλα – φτιαγμένη από κέρματα των πενήντα λεπτών –, και τα λοιπά. Ένα χρόνο μετά, είχε χαρίσει ήδη τη στέγη και τον τελευταίο όροφο.

Όμως, στρατιές φτωχών συνέχιζαν να καταφτάνουν απ' όλες τις γωνιές της Γης.

«Δεν ήξερα ότι υπήρχαν τόσοι πολλοί», σκέφτηκε ο κύριος Πουκ.

Και χρόνο με το χρόνο, τους βοηθούσε να καταστρέψουν το μέγαρό του. Στο τέλος, πήγε να ζήσει σε μια σκηνή σαν βεδουίνος κι ένιωθε ανάλαφρος σαν πουλάκι.

ΤΡΙΤΟ ΤΕΛΟΣ

Μια νύχτα ο κύριος Πουκ, ξεφυλλίζοντας έναν τόμο με χαρτονομίσματα, βρήκε ένα πλαστό. Μα καλά, πώς είχε βρεθεί εκεί μέσα; Λέτε να υπήρχαν κι άλλα τέτοια; Ο κύριος Πουκ άρχισε να ξεφυλλίζει με μανία όλους τους τόμους της βιβλιοθήκης του, ώσπου βρήκε δώδεκα πλαστά χαρτονομίσματα.

– Έχει γούστο να υπάρχουν κι άλλα μέσα στο σπίτι. Για να ρίξω μια ματιά.

Όπως είπαμε, ήταν πολύ ευαίσθητος άνθρωπος. Δεν μπορούσε να κλείσει μάτι στην ιδέα πως σε κάποια γωνιά του σπιτιού, σε κάποιο κεραμίδι, σε κάποιο σκαμνί, κολλημένο σε κάποια πόρτα ή σε κάποιον τοίχο, υπήρχε ένα πλαστό χαρτονόμισμα.

Κι έτσι βάλθηκε να γκρεμίζει το σπίτι, για να βρει τα πλαστά νομίσματα. Ξεκίνησε από τη στέγη και προχωρούσε προς τα κάτω, όροφο όροφο, μέχρι που βρήκε ένα κάλπικο κέρμα κι έβαλε τις φωνές:

– Ξέρω ποιο είναι. Μου το είχε δώσει εκείνος ο απατεώνας, ο Τάδε Ταδόπουλος...

Τα νομίσματά του τα γνώριζε απέξω κι ανακατωτά. Είχε ελάχιστα πλαστά, γιατί ήταν πάντα πολύ προσεκτικός με τα χρήματα. Όμως ο καθένας μας μπορεί να έχει μια στιγμή αφηρημάδας.

Και να που ξήλωσε κομμάτι κομμάτι όλο το σπίτι. Ώσπου έμεινε στη μέση της ερήμου, καθισμένος πάνω σε ένα σωρό από ασημένια, χρυσά και χάρτινα ερείπια. Δεν είχε πια όρεξη να ξαναχτίσει το σπίτι του από την αρχή. Και δεν ήθελε με τίποτα να εγκαταλείψει το σωρό από τα ερείπια. Στεκόταν εκεί πάνω οργισμένος. Και όσο καθόταν στην κορυφή του σωρού, τόσο πιο μικρός γινόταν. Μέχρι που έγινε κι εκείνος κέρμα. Ένα κάλπικο κέρμα. Έτσι, όταν κατέφτασε κόσμος και κοσμάκης για να πάρει όλα αυτά τα χρήματα, τον πέταξαν μακριά, στη μέση της ερήμου.

Η μαγική φλογέρα και τα αυτοκίνητα

Μια φορά κι έναν καιρό, ήταν μια μαγική φλογέρα. Όλοι ξέρουν αυτό το παλιό παραμύθι που μιλάει για μια πόλη γεμάτη ποντίκια και για έναν νεαρό που, με τη μαγική του φλογέρα, τα οδήγησε όλα στο ποτάμι για να πνιγούν. Όμως, επειδή ο δήμαρχος δεν ήθελε να τον πληρώσει, εκείνος άρχισε να παίζει και πάλι τη φλογέρα του και όλα τα παιδιά της πόλης, μαγεμένα, τον ακολούθησαν μακριά.

Το δικό μας παραμύθι μιλάει κι αυτό για μια μαγική φλογέρα. Ποιος ξέρει; Μπορεί να είναι η ίδια, μπορεί και όχι.

Αυτή τη φορά, ήταν μια πόλη που είχε γεμίσει αυτοκίνητα. Υπήρχαν αυτοκίνητα στους δρόμους, στα πεζοδρόμια, στις πλατείες, κάτω από τις εξώπορτες. Αυτοκίνητα παντού. Μικροσκοπικά σαν κουτάκια, μακριά σαν πλοία, με ρυμουλκό, με τροχόσπιτα. Αυτοκίνητα, νταλίκες, φορτηγά, φορτηγάκια. Και ήταν τόσα πολλά, που προχωρούσαν με δυσκολία. Έπεφταν το ένα πάνω στ' άλλο, έσπαγαν τα φτερά τους, διέλυαν τους προφυλακτήρες τους, έκοβαν τις εξατμίσεις τους. Και, τέλος, υπήρχαν πολλά αυτοκίνητα που έμεναν παρκαρισμένα γιατί δεν υπήρχε χώρος να μετακινηθούν. Έτσι ο κόσμος αναγκαζόταν να πηγαίνει με τα πόδια. Δεν ήταν, όμως, εύκολο με όλα αυτά τα αυτοκίνητα που υπήρχαν παντού. Έπρεπε να τα προσπερνάνε, να τα καβαλάνε, να περνάνε από κάτω. Μέρα νύχτα στους δρόμους ακούγονταν τσιρίδες:

– Άουτς!

Αυτός ήταν ένας πεζός που κουτούλησε σε ένα καπό.

– Οχ! Αχ!

Αυτοί ήταν δύο πεζοί που κουτούλησαν καθώς σέρνονταν κάτω από ένα φορτηγό. Όπως καταλαβαίνετε, ο κόσμος δεν άντεχε άλλο από τα νεύρα του.

– Πρέπει να τελειώνει αυτή η ιστορία!

– Πρέπει να κάνουμε κάτι!

– Μα καλά, αυτός ο δήμαρχος δε σκέφτεται τίποτα;

Ο δήμαρχος άκουγε τις διαμαρτυρίες και μουρμούριζε:

– Σκέφτομαι και παρασκέφτομαι. Σκέφτομαι μέρα νύχτα. Μέχρι και τα Χριστούγεννα σκεφτόμουν όλη μέρα. Το κακό είναι ότι δε μου κατεβαίνει καμία ιδέα. Δεν ξέρω τι να κάνω, τι να πω και τι να αποφασίσω. Και δεν είμαι πιο χοντροκέφαλος από τους άλλους. Να, κοιτάξτε και το τσιρότο μου.

Μια μέρα εμφανίστηκε στο δημαρχείο ένας παράξενος νεαρός. Φορούσε προβιά, τσόκαρα κι ένα καπέλο με μια μεγάλη κορδέλα. Με λίγα λόγια, έμοιαζε με αυτούς τους μουσικούς που έπαιζαν τσαμπούνα. Ένας τσαμπουνιέρης χωρίς τσαμπούνα. Όταν ζήτησε να δει το δήμαρχο, ο φύλακας του απάντησε ξερά:

– Άσ' τον στην ησυχία του. Δεν έχει όρεξη για μουσικές.

– Μα εγώ δεν έχω τσαμπούνα.

– Τόσο το χειρότερο. Αν δεν έχεις ούτε καν τσαμπούνα, ποιος ο λόγος να σε δεχτεί ο δήμαρχος;

– Πείτε του ότι εγώ ξέρω πώς θα γλιτώσει η πόλη από τα αυτοκίνητα.

– Τι; Τι πράγμα; Το καλό που σου θέλω, άσε τα αστεία.

– Πείτε στο δήμαρχο ότι ήρθα. Να είστε σίγουροι ότι δε θα το μετανιώσετε.

Και επέμενε τόσο πολύ, που ο φύλακας αναγκάστηκε να τον πάει στο δήμαρχο.

– Καλημέρα, δήμαρχε.

– Εμένα μου λες; Η καλή μέρα θα έρθει μόνο όταν...

– ...η πόλη γλιτώσει από τα αυτοκίνητα. Κι εγώ ξέρω πώς θα γίνει.

– Εσύ; Και ποιος σ' το είπε; Καμιά γίδα;

-Δεν έχει σημασία ποιος μου το είπε. Αφήστε με να δοκιμάσω και δε θα χάσετε. Αν μου υποσχεθείτε κάτι, από αύριο τέρμα οι σκοτούρες σας.

– Και τι θες να σου υποσχεθώ;

– Ότι από αύριο όλα τα παιδιά θα παίζουν στη μεγάλη πλατεία. Θα τους βάλετε αλογάκια, κούνιες, τσουλήθρες, μπάλες και χαρταετούς.

– Στη μεγάλη πλατεία;

– Στη μεγάλη πλατεία.

– Και δε θες τίποτε άλλο;

– Τίποτε άλλο.

– Ε τότε, ας δώσουμε τα χέρια. Σ' το υπόσχομαι. Πότε ξεκινάς;

– Αμέσως, δήμαρχε.

– Εμπρός, δεν έχουμε καιρό για χάσιμο.

Και ο παράξενος νεαρός δεν έχασε ούτε ένα δευτερόλεπτο. Έβαλε το χέρι του στην τσέπη και έβγαλε μια μικρή φλογέρα φτιαγμένη από ξύλο μουριάς. Την ίδια στιγμή, άρχισε να παίζει έναν παράξενο σκοπό μέσα στο γραφείο του δημάρχου. Και παίζοντας τη φλογέρα του βγήκε από το δημαρχείο, διέσχισε την πλατεία και προχώρησε προς το ποτάμι...

Άξαφνα...

– Κοιτάξτε! Μα τι κάνει αυτό το αμάξι; Έβαλε μπρος μόνο του!

– Και το άλλο!

– Έι! Αυτό είναι δικό μου! Ποιος μου πήρε το αυτοκίνητο; Βοήθεια! Κλέφτες!

– Δεν υπάρχει κανένας κλέφτης, δε βλέπετε; Όλα τα αυτοκίνητα προχωράνε μόνα τους...

– Αλλάζουν ταχύτητες... Τρέχουν...

– Πού να πηγαίνουν άραγε;

– Το αμάξι μου! Σταμάτα, σταμάτα! Θέλω το αμάξι μου!

– Στου κουφού την πόρτα, όσο θέλεις βρόντα...

Από κάθε μεριά της πόλης πετάγονταν αυτοκίνητα που έτρεχαν και προκαλούσαν ένα πρωτοφανές πανδαιμόνιο από μαρσαρίσματα, κλάξον, συναγερμούς... Έτρεχαν μόνα τους.

Όμως, αν έστηνε κανείς αυτί, κάτω από αυτό το πανδαιμόνιο θα άκουγε κάτι πιο δυνατό. Κάτι πιο επίμονο ακόμη κι απ' τον ίδιο το θόρυβο. Ήταν ο ήχος της φλογέρας με την αλλόκοτη μελωδία της...

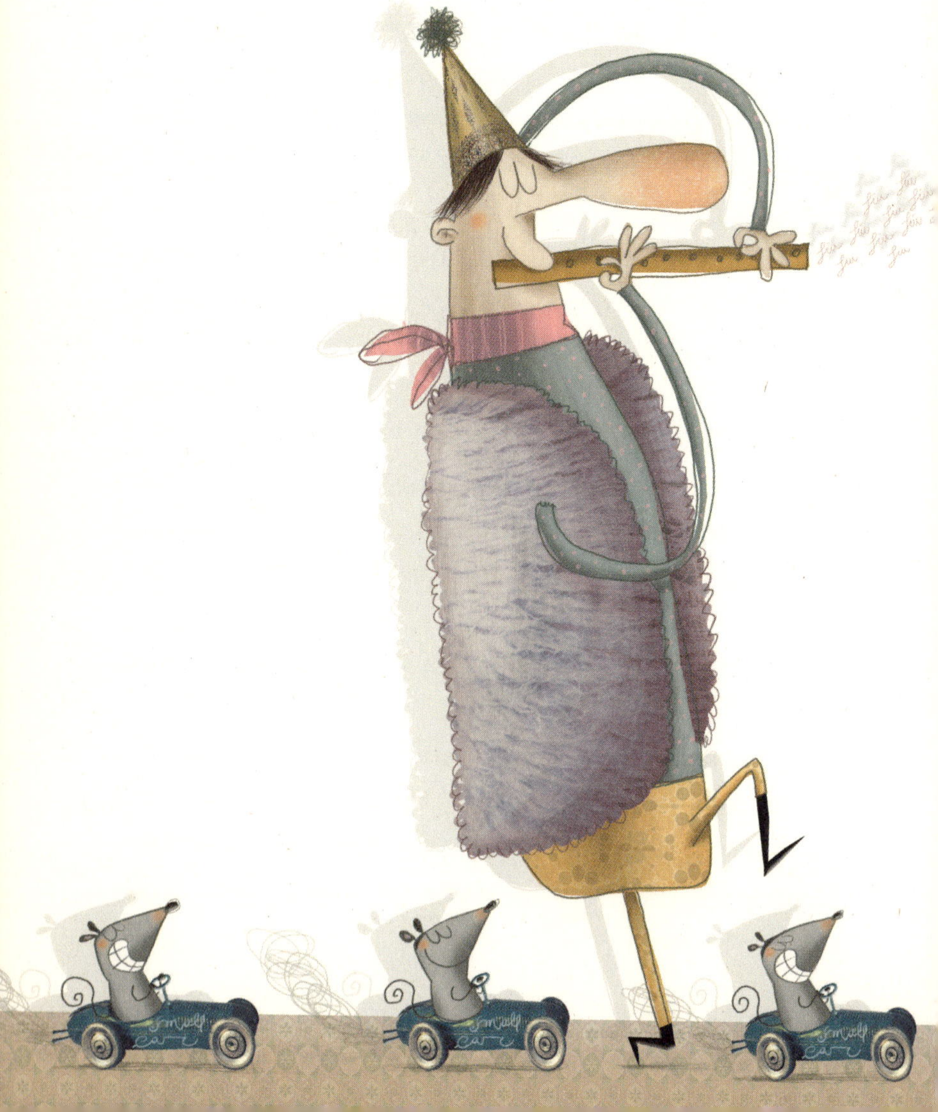

ΠΡΩΤΟ ΤΕΛΟΣ

Τα αυτοκίνητα έτρεχαν προς το ποτάμι.

Ο νεαρός, δίχως ν' αφήσει στιγμή τη φλογέρα του, περίμενε στη γέφυρα. Μόλις πλησίασε το πρώτο αυτοκίνητο – που από σύμπτωση ανήκε στο δήμαρχο –, ακούστηκε μια πιο υψηλή νότα. Λες και περίμενε το σύνθημα, η γέφυρα γκρεμίστηκε, το αυτοκίνητο βούτηξε στο ποτάμι και το ρεύμα το παρέσυρε μακριά. Να σου και το δεύτερο αυτοκίνητο και το τρίτο, ώσπου στο τέλος έπεσαν όλα. Το ένα μετά το άλλο, δυο δυο ή σαν τσαμπιά, βυθίζονταν στο ποτάμι, με τη μηχανή τους να μουγκρίζει για τελευταία φορά και την κόρνα τους να γρυλίζει. Και ύστερα το ρεύμα τα παράσερνε μακριά.

Μόλις τα αυτοκίνητα εξαφανίστηκαν, στους δρόμους άρχισαν να κατηφορίζουν θριαμβευτικά αγόρια με τις μπάλες τους, κορίτσια με τις κούκλες τους στο καροτσάκι, τρίκυκλα και ποδήλατα που τριγυρνούσαν εδώ κι εκεί και νταντάδες που έκαναν χαμογελαστές τη βόλτα τους.

Ο κόσμος, όμως, τραβούσε τα μαλλιά του, τηλεφωνούσε στην πυροσβεστική, φώναζε στους τροχονόμους.

– Πώς τον αφήσατε έτσι αυτό τον παλαβό; Σταματήστε τον. Για όνομα του Θεού, κλείστε του το στόμα.

– Ρίξτε στο ποτάμι κι αυτόν και τη φλογέρα του...

– Μα καλά, τρελάθηκε ο δήμαρχος; Να μας καταστρέψει έτσι τα ωραία μας αυτοκίνητα!

– Ξέρεις πόσο κάνει ένα αυτοκίνητο σήμερα;

– Πού να δεις το βούτυρο!

– Κάτω ο δήμαρχος! Να παραιτηθεί!

– Κάτω κι αυτός κι η φλογέρα του!

– Θέλω το αμάξι μου πίσω!

Οι πιο τολμηροί έκαναν να ορμήσουν στον νεαρό με τη φλογέρα, αλλά σταμάτησαν πριν προλάβουν να τον πιάσουν στα χέρια τους. Μπροστά τους είχε υψωθεί κάτι αόρατο, σαν τοίχος, που τον προστάτευε. Οι νταήδες, απτόητοι, χτυπούσαν και κλοτσούσαν τον ανύπαρκτο τοίχο.

Ο νεαρός με τη φλογέρα περίμενε ώσπου να βυθιστεί και το τελευταίο αυτοκίνητο στο ποτάμι. Ύστερα βούτηξε κι εκείνος, κολύμπησε μέχρι την απέναντι όχθη, έκανε μια υπόκλιση, γύρισε από την άλλη και χάθηκε στο δάσος.

ΔΕΥΤΕΡΟ ΤΕΛΟΣ

Τα αυτοκίνητα έτρεχαν προς το ποτάμι. Ένα ένα στη σειρά βυθίζονταν, με τις κόρνες τους να γρυλίζουν για τελευταία φορά. Τελευταίο βούτηξε το αυτοκίνητο του δημάρχου. Εκείνη την ώρα, η μεγάλη πλατεία είχε γεμίσει παιδιά που έπαιζαν. Οι χαρούμενες φωνές τους κάλυπταν τις διαμαρτυρίες του κόσμου που έβλεπε τα αυτοκίνητα να τα παρασέρνει το ρεύμα.

Ο νεαρός σταμάτησε να παίζει τη φλογέρα του, σήκωσε τα μάτια και μονάχα τότε είδε το πλήθος που προχωρούσε απειλητικά προς το μέρος του, με το δήμαρχο πρώτο και καλύτερο.

– Είστε ευχαριστημένος, δήμαρχε;

– Τώρα θα σου δείξω εγώ τι σημαίνει ευχαρίστηση! Νομίζεις ότι ήταν ωραίο αυτό που έκανες; Ξέρεις πόσο κόπο και πόσα λεφτά θέλει ένα αυτοκίνητο; Ωραίος τρόπος για να γλιτώσει η πόλη...

– Μα εγώ... εσείς...

– Εσύ σκασμός! Αν δε θες να περάσεις την υπόλοιπη ζωή σου στη φυλακή, πιάσε τη φλογέρα σου και βγάλε τα αυτοκίνητα από το ποτάμι. Πρόσεξε, γιατί τα θέλω όλα. Απ' το πρώτο ως το τελευταίο.

– Μπράβο! Καταπληκτικά! Ζήτω ο δήμαρχος!

Ο νεαρός υπάκουσε. Τα αυτοκίνητα, ακούγοντας τον ήχο της μαγικής φλογέρας, επέστρεψαν στην όχθη, έτρεξαν στους δρόμους και στις πλατείες για να ξαναπάρουν τη θέση τους, διώχνοντας τα παιδιά, τις μπάλες, τα ποδήλατα και τις νταντάδες. Με λίγα λόγια, όλα ξανάγιναν όπως πριν και ο νεαρός με τη μαγική φλογέρα πήρε θλιμμένος το δρόμο του γυρισμού. Από τότε, κανείς δεν άκουσε ξανά γι' αυτόν.

ΤΡΙΤΟ ΤΕΛΟΣ

Τα αυτοκίνητα έτρεχαν κι έτρεχαν... Έτρεχαν προς το ποτάμι, όπως τα ποντίκια του Χάμελιν; Όχι βέβαια! Έτρεχαν κι έτρεχαν, ώσπου ξαφνικά δεν έμεινε ούτε ένα σε ολόκληρη την πόλη. Οι δρόμοι και οι λεωφόροι άδειασαν, οι πλατείες ερήμωσαν. Μα πού είχαν πάει;

Τεντώστε τ' αυτιά σας για ν' ακούσετε. Τώρα τρέχουν κάτω απ' τη γη. Αυτός ο παράξενος νέος με τη μαγική φλογέρα έσκαψε υπόγειους δρόμους κάτω από τους δρόμους και πλατείες κάτω από τις πλατείες. Εκεί κάτω λοιπόν τρέχουν τα αυτοκίνητα. Σταματάνε, για να μπει μέσα ο ιδιοκτήτης τους, και δρόμο. Τώρα υπάρχει χώρος για όλους. Κάτω από τη γη, για τα αυτοκίνητα. Πάνω, για τους κατοίκους που θέλουν να πάνε βόλτα, να μιλήσουν για πολιτική, για το πρωτάθλημα και το φεγγάρι, για τα παιδιά που θέλουν να παίξουν και για τις γυναίκες που θέλουν να πάνε για ψώνια.

– Τι χαζός που ήμουν, φώναζε ο δήμαρχος κατενθουσιασμένος. Τι χαζός που ήμουν που δεν το σκέφτηκα νωρίτερα!

Στην πόλη αυτή έστησαν δύο μνημεία προς τιμήν του νεαρού με τη μαγική φλογέρα. Ένα στη μεγάλη πλατεία κι άλλο ένα κάτω, ανάμεσα στα αυτοκίνητα που τρέχουν δίχως σταματημό στις υπόγειες στοές.

Ο γύρος της πόλης

Ο Πάολο ήταν ένα πολύ δραστήριο παιδί. Δεν μπορούσε να κάτσει λεπτό σε ησυχία χωρίς να κάνει κάτι ενδιαφέρον ή χρήσιμο. Δε βαριόταν ποτέ, γιατί η φαντασία του δούλευε συνεχώς. Επιπλέον, ήταν και πολύ πεισματάρης. Όταν αποφάσιζε κάτι, ποτέ δεν άλλαζε γνώμη και ποτέ δεν άφηνε τα πράγματα στη μέση. Μια μέρα που ο Πάολο δεν είχε σχολείο και ήταν μόνος στο σπίτι, έκανε γρήγορα τα μαθήματά του. Ύστερα άνοιξε ένα μεγάλο χάρτη της πόλης του και για ώρα κοιτούσε αυτό το κουβάρι από τους δρόμους, τις πλατείες, τα σοκάκια και τις λεωφόρους, που έμοιαζε πυκνό στις κεντρικές συνοικίες και αραιό στα εξοχικά προάστια.

Σχεδόν χωρίς να το καταλάβει, βρέθηκε με το διαβήτη στο χέρι. Και τότε, πάνω σε αυτό το μπερδεμένο δίχτυ, ζωγράφισε έναν τέλειο κύκλο. Μια παράξενη ιδέα είχε τρυπώσει στο μυαλό του... Και γιατί να μην τη δοκιμάσει; Είχε πάρει κιόλας την απόφασή του. Θα έκανε το γύρο της πόλης. Έναν τέλειο γύρο. Οι δρόμοι κάνουν ζιγκ ζαγκ, στρίβουν κάθε τόσο με έναν παράξενο τρόπο, εγκαταλείποντας ένα σημείο του ορίζοντα για να ακολουθήσουν κάποιο άλλο. Ακόμη και οι περιφερειακοί δρόμοι μόνο στα λόγια σχηματίζουν κύκλο, αφού δεν είναι σχεδιασμένοι με διαβήτη. Ο Πάολο, όμως, ήθελε να κάνει το γύρο της πόλης ακολουθώντας τον κύκλο που είχε σχεδιάσει με το διαβήτη του. Χωρίς να ξεφύγει ούτε στο ελάχιστο από την πορεία του.

Εντελώς τυχαία, ο κύκλος περνούσε από το δρόμο όπου ο Πάολο ζούσε με την οικογένειά του. Έβαλε στην τσέπη του το χάρτη, στην άλλη έβαλε ένα σάντουιτς, σε περίπτωση που τον έπιανε πείνα, και όπου φύγει φύγει...

Να τος τώρα έξω από το σπίτι. Ο Πάολο αποφασίζει να στρίψει αριστερά. Σύμφωνα με τον κύκλο του, πρέπει να ακολουθήσει την οδό του και να τη διασχίσει σε κάποιο σημείο που δεν υπάρχει διάβαση πεζών. Ο Πάολο δεν αλλάζει πορεία. Όπως και ο κύκλος του, διασχίζει κι αυτός το δρόμο, ώσπου βρίσκεται μπροστά σε μια εξώπορτα. Ο δρόμος σ' εκείνο το σημείο συνεχίζει ευθεία. Ο κύκλος, όμως, ακολουθεί το δικό του δρόμο περνώντας μέσα από τα σπίτια, για να καταλήξει σε μια πλατεία. Ο Πάολο ρίχνει μια ματιά στο χάρτη και ανοίγει την πόρτα. Δεν υπάρχει κανείς. Συνεχίζει. Να και μια αυλή. Τη διασχίζει. Και τώρα; Τώρα βλέπει κάτι σκάλες, μόνο που ο Πάολο διστάζει να τις ανέβει. Αν το κάνει, θα βρεθεί στον τελευταίο όροφο και δε θα μπορεί βέβαια να ανέβει στην ταράτσα και να πηδήξει από τη μια στέγη στην άλλη... Το μολύβι δείχνει να σκαρφαλώνει στις στέγες, αλλά όταν πηγαίνεις με τα πόδια, και μάλιστα δεν έχεις φτερά, ε τότε τα πράγματα αλλάζουν.

Για καλή του τύχη, στο διάδρομο της σκάλας υπάρχει ένα παραθυράκι. Κάπως ψηλό, είναι η αλήθεια, κι όχι πολύ φαρδύ. Ο Πάολο κοιτάζει το χάρτη του. Δε χωράει αμφιβολία. Για να ακολουθήσει τον κύκλο πρέπει να περάσει μέσα από το παράθυρο. Δεν έχει λοιπόν παρά να προσπαθήσει.

Ενώ πιάνεται για να σκαρφαλώσει, άξαφνα μια αντρική φωνή ακούγεται πίσω του. Ο Πάολο μένει ακίνητος στον τοίχο σαν τρομαγμένη αράχνη.

– Έι, εσύ, για πού το 'βαλες; Τι πας να κάνεις; Κατέβα αμέσως.

– Σ' εμένα μιλάτε;

– Ναι, σ' εσένα. Δεν πιστεύω να 'σαι κλέφτης... Όχι, δεν έχεις τέτοια φάτσα. Μήπως το 'χεις ρίξει στη γυμναστική;

– Θέλω απλώς να πάω στην άλλη αυλή, κύριε.

– Τότε, βγες έξω, πήγαινε γύρω γύρω από το σπίτι και μπες στην επόμενη εξώπορτα.

– Δε γίνεται...

– Κατάλαβα. Κάτι έχεις σκαρώσει και φοβάσαι μη σε πιάσουν.

– Όχι, σας ορκίζομαι. Δεν έχω κάνει τίποτα...

Ο Πάολο κοιτάζει τον κύριο που τον σταμάτησε στο παράθυρο. Φαίνεται ευγενικός. Κρατάει μπαστούνι, αλλά δεν το σηκώνει για να τον απειλήσει. Στηρίζεται πάνω του χαμογελώντας. Ο Πάολο αποφασίζει να τον εμπιστευτεί και του αποκαλύπτει το σχέδιό του...

– Θες να κάνεις το γύρο της πόλης ακολουθώντας τον κύκλο που σχεδίασες με το διαβήτη; επαναλαμβάνει ο κύριος.

– Ναι, κύριε.

– Αυτό είναι αδύνατον, παιδί μου. Αν βρεθείς μπροστά σ' έναν τοίχο χωρίς παράθυρα, τι θα κάνεις;

– Θα σκαρφαλώσω.

– Κι αν είναι πολύ ψηλός;

– Θα κάνω μια τρύπα και θα περάσω από μέσα.

– Και πώς θα φτάσεις στην όχθη του ποταμού; Κοίτα, ο κύκλος σου περνάει μέσα από το ποτάμι, μόνο που σ' εκείνο το σημείο δεν υπάρχει γέφυρα.

– Ξέρω κολύμπι.

-Κατάλαβα. Δεν το βάζεις εύκολα κάτω, έτσι;

– Ακριβώς.

– Το σχέδιο που έχεις στο μυαλό σου είναι τόσο τέλειο όσο και ο κύκλος του διαβήτη... Τι να πω; Προσπάθησε!

– Θα μ' αφήσετε να περάσω από το παράθυρο;

– Θα κάνω κάτι καλύτερο. Θα σε βοηθήσω. Ανέβα στα χέρια μου και βάλε το πόδι σου εδώ πάνω, έλα... Πρόσεξε να πέσεις στην ευθεία.

– Ευχαριστώ πολύ, κύριε! Γεια σας!

Και ο Πάολο συνεχίζει ευθεία. Ή μάλλον όχι ευθεία. Πρέπει να περπατά κυκλικά, χωρίς να βγει το πόδι του έξω από τη γραμμή που σχεδίασε στο χάρτη του. Να τος τώρα μπροστά σε ένα έφιππο άγαλμα. Ένα μπρούντζινο άλογο στέκεται πάνω στη μαρμάρινη βάση του. Ένας ήρωας, άγνωστος στον Πάολο, κρατά τα χαλινάρια με το αριστερό του χέρι και με το δεξί δείχνει κάποιο μακρινό προορισμό. Μοιάζει λες και δείχνει τη συνέχεια του κύκλου του Πάολο. Άραγε τι πρέπει να κάνει τώρα; Να περάσει ανάμεσα από τα πόδια του αλόγου; Να σκαρφαλώσει στο κεφάλι του ήρωα; Ή, πιο απλά, να πάει γύρω γύρω από το άγαλμα;

ΠΡΩΤΟ ΤΕΛΟΣ

Ενώ ο Πάολο σκέφτεται πώς θα λύσει το πρόβλημά του, έχει την εντύπωση ότι ο ήρωας, ψηλά στο άλογό του, σκύβει το κεφάλι. Όχι πολύ, ίσα ίσα για να τον κοιτάξει και να του κλείσει το μάτι.

– Αρχίζω να βλέπω οράματα, πετάγεται ο Πάολο τρομαγμένος.

Όμως ο μπρούντζινος ήρωας επιμένει. Τώρα μάλιστα κατεβάζει το χέρι που έδειχνε γεμάτο υπερηφάνεια τον προορισμό του και τον προσκαλεί:

– Εμπρός, ανέβα. Σ' αυτό το άλογο υπάρχει χώρος για δύο.

– Μα εγώ...

– Έλα, γιατί θα χάσω την υπομονή μου. Νομίζεις ότι δεν μπορώ να ιππεύσω πάνω σε έναν τέλειο κύκλο χωρίς να βγω από την πορεία μου; Μαζί θα κάνουμε το γεωμετρικό σου ταξίδι. Το αξίζεις, γιατί, παρά τα εμπόδια, δεν το έβαλες κάτω.

– Ευχαριστώ πολύ, όμως...

– Ποπό, πολύ καθυστερείς. Είσαι και ψευτοπερήφανος. Δε σου αρέσει να σε βοηθάνε, ε;

– Δεν είναι αυτό...

– Ε τότε μάλλον είσαι της πολυλογίας. Ανέβα να φύγουμε. Μου αρέσεις γιατί καταστρώνεις ωραία σχέδια και τα εφαρμόζεις χωρίς να σε νοιάζουν οι δυσκολίες. Γρήγορα, το άλογο ξυπνάει... Είσαι τυχερός γιατί βρέθηκες εδώ τη μοναδική μέρα του χρόνου που, άγνωστο γιατί, μας επιτρέπουν να κάνουμε μια ωραία βόλτα με το

άλογο, όπως τον παλιό καλό καιρό... Τι θα γίνει, θ' ανέβεις; Ναι ή όχι;

Ο Πάολο δέχεται. Κρατιέται από το χέρι του ήρωα. Σκαρφαλώνει στη σέλα και πετάει... Η πόλη τώρα απλώνεται στα πόδια του. Άξαφνα, βλέπει ένα χρυσό κύκλο σχεδιασμένο μέσα στην πόλη. Είναι ένας τέλειος κύκλος που λάμπει. Τέλειος σαν εκείνον που σχεδίασε με το διαβήτη του.

ΔΕΥΤΕΡΟ ΤΕΛΟΣ

Ενώ ο Πάολο σκέφτεται πώς θα λύσει το πρόβλημά του, το βλέμμα του πλανιέται στην πλατεία. Ο κύκλος που έφτιαξε με το διαβήτη διασχίζει το μνημείο και μπαίνει στη μεγάλη εκκλησία με τον τεράστιο τρούλο. Ο Πάολο δεν μπορεί να μπει από την πόρτα. Πώς θα τα καταφέρει, όμως, να μπει στην εκκλησία από το σωστό σημείο, περνώντας μέσα από τον τοίχο, που σίγουρα είναι γερός σαν τείχος οχυρού; Για να μην ξεφύγει από την πορεία του θα πρέπει να σκαρφαλώσει στον τρούλο. Μια κουβέντα είναι. Χωρίς σχοινιά και χωρίς καρφιά δε θα τα κατάφερνε ούτε καν ο καλύτερος ορειβάτης του κόσμου. Ούτε καν ο πιο δυνατός και θαρραλέος αναρριχητής. Καλύτερα να το πάρει απόφαση. Ήταν απλώς ένα ωραίο όνειρο και τίποτε άλλο. Οι δρόμοι της ζωής δεν κρύβουν ποτέ την τελειότητα και την ακρίβεια των γεωμετρικών σχημάτων.

Ο Πάολο ρίχνει μια ματιά στον ήρωα που δείχνει, ακίνητος και αυστηρός, κάποιο μακρινό ανέφικτο προορισμό. Κι έπειτα, απαρηγόρητος, επιστρέφει σιγά σιγά στο σπίτι του, ακολουθώντας απαθής το παιχνιδιάρικο και παράλογο ζιγκ ζαγκ των καθημερινών δρόμων.

ΤΡΙΤΟ ΤΕΛΟΣ

Ενώ ο Πάολο σκέφτεται μπροστά από το μνημείο, νιώθει στην πλάτη του ένα χέρι πιο μικρό και πιο ζεστό από το δικό του.

– Θέλω να πάω σπίτι μου.

Η αβέβαιη τρεμάμενη φωνούλα ανήκει σε ένα τρίχρονο παιδάκι. Το αγοράκι κοιτάζει τον Πάολο με εμπιστοσύνη αλλά και φόβο, ελπίδα αλλά και τρόμο. Τα μάτια του είναι έτοιμα να κλάψουν.

– Πού μένεις;

Το αγοράκι δείχνει κάπου στον ορίζοντα.

– Θέλω τη μαμά μου.

– Πού είναι η μαμά σου;

– Εκεί.

Και αυτό το «εκεί» δείχνει ένα ακαθόριστο σημείο. Το μόνο σίγουρο είναι ότι το παιδί χάθηκε στην πόλη και δεν μπορεί να βρει το δρόμο για το σπίτι του. Το χέρι του βαστά σφιχτά το χέρι του Πάολο και δεν το αφήνει.

– Θα μες πας στη μαμά μου;

Ο Πάολο θέλει να του πει ότι δεν μπορεί, ότι έχει κάτι σημαντικό να κάνει, αλλά δεν αντέχει να προδώσει την εμπιστοσύνη του μικρού παιδιού. Υπομονή. Ο κύκλος, ο διαβήτης και ο γύρος της πόλης μπορούν να περιμένουν.

– Έλα, του λέει ο Πάολο. Πάμε να βρούμε τη μαμά σου.

Όταν στο Μιλάνο έβρεχε καπέλα

Ένα πρωί, στο Μιλάνο, ο κύριος Μπιανκίνι πήγαινε στην τράπεζα για μια δουλειά της εταιρίας του. Ήταν μια όμορφη μέρα. Δεν υπήρχε ούτε ένα τόσο δα συννεφάκι στον ουρανό, και μάλιστα είχε λιακάδα, πράγμα παράξενο για Νοέμβρη μήνα. Ο κύριος Μπιανκίνι ήταν χαρούμενος, κι ενώ περπατούσε με βήμα γοργό, σιγοτραγουδούσε: «Τι όμορφη μέρα, τι τέλεια μέρα, σαν ο ήλιος βγει, λάμπει η ψυχή...»

Ξαφνικά ξέχασε το τραγούδι, ξέχασε και το περπάτημα κι έμεινε με το στόμα ανοιχτό να κοιτάζει τον ουρανό. Ένας περαστικός έπεσε πάνω του και του τα έψαλε:

– Δεν πας αλλού να χαζέψεις τα σύννεφα; Τουλάχιστον πρόσεχε όταν προχωράς!

– Μα εγώ δεν προχωράω, στέκομαι... Κοίτα.

– Τι να κοιτάξω; Δεν έχω καιρό για χάσιμο. Πού να κοιτάξω; Ε; Ω! Αα! Τι είναι αυτό;

– Είδες; Τι έχεις να πεις τώρα;

– Μα αυτά είναι... είναι καπέλα...

Πράγματι, από το γαλανό ουρανό έπεφτε μια βροχή

από καπέλα. Όχι ένα καπέλο, που μπορεί να το είχε φέρει ο άνεμος. Ούτε δύο, που μπορεί να είχαν πέσει από κάποιο περβάζι. Ήταν εκατό, χίλια, δέκα χιλιάδες καπέλα που έπεφταν από τον ουρανό. Καπέλα αντρικά, καπέλα γυναικεία, καπέλα με φτερά, καπέλα με λουλούδια, μπερέδες, τζόκεϊ, γούνινα σκουφιά, στρατιωτικά καπέλα... Μετά τον κύριο Μπιανκίνι και τον περαστικό, πολλοί άλλοι κύριοι και πολλές κυρίες σταμάτησαν για να κοιτάξουν τον ουρανό. Και ο βοηθός του φούρναρη και ο τροχονόμος και ο οδηγός του τραμ με τον αριθμό δεκαοκτώ και του δεκάξι και του ένα... Οι οδηγοί κατέβαιναν από τα τραμ και κοιτούσαν ψηλά. Κατέβαιναν και οι επιβάτες, με τον καθένα να λέει τα δικά του:

– Θαύμα!

– Πρώτη φορά βλέπω κάτι τέτοιο!

– Πάμε να φύγουμε. Τσουρέκια διαφημίζουν.

– Τι σχέση έχουν τα καπέλα με τα τσουρέκια;

– Ε τότε διαφημίζουν παστέλια.

– Αμάν πια. Μόνο το φαγητό έχεις στο μυαλό σου; Τα καπέλα δεν τρώγονται.

– Μα είναι στ' αλήθεια καπέλα;

– Όχι, κοίτα. Είναι κουδούνια ποδηλάτου! Μα καλά, δε βλέπεις;

– Μοιάζουν με καπέλα. Λες να είναι από αυτά τα καπέλα που τα φοράνε στα κεφάλι;

– Συγγνώμη, αλλά εσύ πού τα φοράς; Στη μύτη;

Πολύ σύντομα οι κουβέντες σταμάτησαν. Τα καπέλα άρχισαν να πέφτουν κάτω, στο πεζοδρόμιο, στο δρόμο, στα καπό των αυτοκινήτων. Μερικά έμπαιναν από τα παράθυρα του τραμ, άλλα έπεφταν κατευθείαν μέσα στα μαγαζιά. Ο κόσμος τα μάζευε και τα δοκίμαζε.

– Αυτό μου είναι μεγάλο.

– Δοκιμάστε αυτό, κύριε Μπιανκίνι.

– Μα αυτό είναι γυναικείο.

– Ε τότε πάρτε το για τη γυναίκα σας.

– Φορέστε το για πλάκα!

– Σιγά μην πάω στην τράπεζα φορώντας γυναικείο καπέλο.

– Δώστε το σ' εμένα. Είναι ό,τι πρέπει για τη γιαγιά μου...

– Και για την αδελφή του κουνιάδου μου.

– Εγώ το είδα πρώτος.

– Όχι, εγώ.

Κάποιοι έφευγαν με τρία τέσσερα καπέλα. Ένα για κάθε μέλος της οικογένειάς τους. Έφτασε τρέχοντας και μια καλόγρια, που μάζεψε όλα τα μπερεδάκια για τα ορφανά.

Και όσο περισσότερα μάζευε ο κόσμος, τόσο περισσότερα έπεφταν από τον ουρανό.

Είχε γεμίσει όλος ο τόπος, μέχρι και τα μπαλκόνια. Καπέλα, καπελάκια, μπερέδες, μπερεδάκια, σομπρέρο, καουμπόικα καπέλα, καπέλα μυτερά, κινέζικα, με κορδέλες, χωρίς κορδέλες...

Ο κύριος Μπιανκίνι κρατούσε ήδη δεκαεπτά και δεν έλεγε να πάει στη δουλειά του.

– Βροχή από καπέλα δεν πέφτει κάθε μέρα. Πρέπει να

το εκμεταλλευτώ και να εφοδιαστώ για όλη μου τη ζωή. Άλλωστε, στην ηλικία μου δε θα μεγαλώσει άλλο το κεφάλι μου...

– Μπορεί να μικρύνει.

– Τι πάει να πει να μικρύνει; Τι υπονοείς; Ότι θα χάσω τα μυαλό μου;

– Ελάτε τώρα. Μην εκνευρίζεστε, κύριε Μπιανκίνι.

Τα καπέλα έπεφταν και σταματημό δεν είχαν... Ένα έπεσε στο κεφάλι του τροχονόμου – που δε ρύθμιζε πια την κίνηση, γιατί τα καπέλα πήγαιναν όπου ήθελαν. Ήταν ένας μπερές στρατηγού και όλοι πίστευαν ότι ήταν γούρι και ότι σύντομα ο τροχονόμος θα έπαιρνε προαγωγή.

Και μετά;

ΠΡΩΤΟ ΤΕΛΟΣ

Ύστερα από μερικές ώρες, στο αεροδρόμιο της Φρανκφούρτης προσγειωνόταν ένα γιγάντιο αεροπλάνο της Αλιτάλια. Το αεροπλάνο αυτό είχε κάνει το γύρο του κόσμου για να φορτώσει λογιών λογιών καπέλα, που θα παρουσιάζονταν σε μια παράξενη έκθεση: τη Διεθνή Έκθεση Καπέλου.

Ο δήμαρχος περίμενε να παραλάβει το πολύτιμο φορτίο. Μια μπάντα της πόλης έπαιζε τον ύμνο *Ω καπέλο βασιλιά, της κεφαλής παρηγοριά,* που τον είχε συνθέσει ο καθηγητής Γιόχαν Σεμπάστιαν Λούντβιχ Μπαχλέιν. Μόλις αποκαλύφθηκε ότι τα μοναδικά καπέλα που μετέφερε το αεροπλάνο ήταν τα καπέλα του πιλότου και του υπόλοιπου πληρώματος, ο ύμνος, όπως ήταν φυσικό, έμεινε στη μέση.

Έτσι εξηγείται η βροχή από καπέλα που έπεσε στο Μιλάνο. Και φυσικά η Διεθνής Έκθεση Καπέλου αναβλήθηκε για άγνωστη ημερομηνία. Ο πιλότος που κατά λάθος έριξε στο Μιλάνο τα καπέλα αντί για τα διαφημιστικά φυλλάδια της Έκθεσης τα άκουσε ένα χεράκι και καταδικάστηκε να οδηγεί για έξι μήνες χωρίς καπέλο.

ΔΕΥΤΕΡΟ ΤΕΛΟΣ

Εκείνη την ημέρα, λοιπόν, έβρεχε καπέλα.

Την επόμενη μέρα έβρεχε ομπρέλες.

Τη μεθεπόμενη, κουτιά με σοκολατάκια. Και μετά άρχισε να βρέχει ψυγεία, πλυντήρια, στερεοφωνικά, κύβους ζωμού σε πακέτα των εκατό, γραβάτες, μαρκαδόρους, γεμιστές γαλοπούλες. Στο τέλος, έβρεξε χριστουγεννιάτικα δέντρα φορτωμένα με ένα σωρό δώρα. Η πόλη είχε στην κυριολεξία πλημμυρίσει από όλα αυτά τα αγαθά. Τα σπίτια ξεχείλιζαν. Και οι καταστηματάρχες τα είχαν βάψει μαύρα, γιατί περίμεναν πώς και πώς τις γιορτές για να ανέβουν οι δουλειές τους.

ΤΡΙΤΟ ΤΕΛΟΣ

Έβρεχε καπέλα ως τις τέσσερις το απόγευμα. Εκείνη την ώρα, στην πλατεία του καθεδρικού, υπήρχε ένα βουνό από καπέλα πιο ψηλό κι από το μνημείο της πλατείας. Ένας τοίχος από ψάθινα καπέλα είχε κλείσει την είσοδο της εκκλησίας. Ύστερα, στις τέσσερις και ένα λεπτό, φύ-

σηξε δυνατός αέρας. Τα καπέλα άρχισαν να στροβιλίζονται γρήγορα στους δρόμους, όλο και πιο γρήγορα. Ανέβηκαν ψηλά και τρύπωσαν στα σύρματα του τρόλεϊ.

– Φεύγουν! Φεύγουν! φώναζε ο κόσμος.

– Μα γιατί;

– Ίσως να πηγαίνουν στη Ρώμη.

– Πώς το ξέρεις; Σου το είπαν;

– Τι Ρώμη και αηδίες. Στη λίμνη του Κόμο πηγαίνουν.

Τα καπέλα ανέβηκαν πάνω από τα σπίτια σαν ένα τεράστιο σμήνος χελιδόνια και πέταξαν μακριά. Κανείς δεν ξέρει τι απέγιναν, γιατί δεν έπεσαν ούτε στο Κόμο ούτε στη Ρώμη. Οι καπελάδες του Μιλάνου αναστέναξαν ανακουφισμένοι. Εκείνη την ημέρα, άνθρωπος δεν είχε πατήσει στα μαγαζιά τους.

Συναγερμός στη φάτνη

Μια μέρα, λίγο πριν από τα Χριστούγεννα, ένα αγόρι έστησε τη δική του φάτνη. Έφτιαξε τα βουνά από χαρτόνι, τον ουρανό από γκοφρέ χαρτί, τη λίμνη από γυαλί και την καλύβα με ένα αστέρι στην κορυφή. Έβγαλε ένα ένα τα αγαλματάκια από το κουτί όπου τα είχε φυλάξει την προηγούμενη χρονιά και τα τοποθέτησε με φαντασία. Αφού τα έβαλε στις θέσεις τους – τους βοσκούς και τα πρόβατα στο χορτάρι, τους μάγους με τα δώρα στο βουνό, τη γριούλα με τα κάστανα στο μονοπάτι –, του φάνηκαν λίγα. Είχαν μείνει πολλά κενά. Τι να έκανε τέτοια ώρα; Ήταν πολύ αργά για να βγει έξω να αγοράσει κι άλλα, κι άλλωστε δεν είχε αρκετά χρήματα...

Ενώ κοιτούσε τριγύρω αναζητώντας μια λύση, το βλέμμα του έπεσε σε μια κούτα. Την κούτα με τα παλιά του παιχνίδια: τον πλαστικό Ινδιάνο – ο τελευταίος που επέζησε από μια ολόκληρη φυλή –, ένα μικρό αεροπλάνο χωρίς τιμόνι, με τον πιλότο καθισμένο στη θέση του, μια κούκλα κάπως χίπισσα, με την κιθάρα κρεμασμένη σταυρωτά, που την είχε βρει εντελώς τυχαία στο κουτί ενός απορρυπαντικού. Και, όπως ήταν φυσικό, δεν είχε παίξει ποτέ με την κούκλα. Τα αγόρια δεν παίζουν με κούκλες. Του φαινόταν, όμως, γλυκούλα.

Το αγόρι την τοποθέτησε στο μονοπάτι της φάτνης, δίπλα στη γριούλα με τα κάστανα. Πήρε τον Ινδιάνο, με το τσεκούρι στο χέρι, και τον έβαλε στο τέλος του κοπαδιού, πίσω από τα πρόβατα. Κατόπιν κρέμασε το αεροπλάνο και τον πιλότο του με μια κλωστή από ένα αρκετά ψηλό πλαστικό δέντρο. Ήταν ένα από αυτά τα χριστουγεννιάτικα δέντρα που πουλιούνται στα μεγάλα καταστήματα. Έτσι, βρήκε και γι' αυτούς μια θέση πάνω από το βουνό, όχι πολύ μακριά από τους μάγους με τα δώρα και τις καμήλες τους. Κοίταξε χαρούμενος το έργο του και ύστερα ξάπλωσε και κοιμήθηκε.

Άξαφνα, τα αγαλματάκια της φάτνης ξύπνησαν. Ο πρώτος που άνοιξε τα μάτια του ήταν ένας βοσκός. Αμέσως πρόσεξε πως κάτι καινούριο υπήρχε στη φάτνη, κάτι διαφορετικό. Κάτι που δεν του πολυάρεσε. Ή μάλλον, δεν του άρεσε καθόλου.

– Έι, ποιος είναι αυτός ο τύπος με το τσεκούρι που ακολουθεί το κοπάδι μου; Ποιος είσαι; Τι γυρεύεις εδώ; Φύγε γρήγορα, πριν βάλω τα σκυλιά μου να σε κάνουν μια χαψιά.

– *Άουγκ,* του απάντησε ο ερυθρόδερμος.

– Τι είπες; Μίλα καθαρά. Ή μάλλον, μη μιλάς καθόλου και άδειαζέ μας τη γωνιά.

– Εγώ μείνει, απάντησε ο Ινδιάνος. *Άουγκ*!

– Και τι το θες το τσεκούρι; Για να χαϊδεύεις τα πρόβατά μου;

– Τσεκούρι κόβει ξύλα. Κρύα νύχτα, εγώ ανάψει φωτιά.

Εκείνη τη στιγμή ξύπνησε και η γριούλα με τα κάστανα και είδε το κορίτσι με την κιθάρα.

– Κοπελιά, τι τσαμπούνα είναι αυτή που κουβαλάς;

– Δεν είναι τσαμπούνα. Είναι κιθάρα.

– Δεν είμαι τυφλή. Το βλέπω ότι είναι κιθάρα. Δεν ξέρεις ότι εδώ επιτρέπονται μόνο τσαμπούνες και φλογέρες;

– Ναι, αλλά η κιθάρα μου βγάζει υπέροχο ήχο. Ακούστε...

– Για όνομα του Θεού, σταμάτα. Τρελάθηκες; Άκου πράγματα. Αχ, αυτή η σημερινή νεολαία. Άκουσέ με καλά. Φύγε πριν σου πετάξω στη μούρη τα κάστανά μου. Άσε που καίνε κιόλας.

– Μου αρέσουν τα κάστανα, απάντησε η κοπέλα.

– Παριστάνεις την έξυπνη τώρα; Θέλεις να μου πάρεις τα κάστανα; Ε τότε, εκτός από ξεδιάντροπη, είσαι και κλέφτρα. Τώρα θα σου δείξω εγώ... Βοήθεια, κλέφτης, ή μάλλον κλέφτρα!

Όμως, η φωνή της γριούλας δεν ακούστηκε. Εκείνη τη στιγμή, μόλις είχε ξυπνήσει ο πιλότος κι έβαζε μπρος το αεροπλάνο του. Έκανε κάνα δυο βόλτες πάνω από τη φάτνη, χαιρετώντας όλο τον κόσμο, και προσγειώθηκε κοντά στον Ινδιάνο. Οι βοσκοί τον περικύκλωσαν απειλητικά:

– Τι πας να κάνεις; Να μας τρομάξεις τα πρόβατα;

– Να μας καταστρέψεις τη φάτνη με τις βόμβες σου;

– Μα εγώ δεν κουβαλάω βόμβες, απάντησε ο πιλότος. Το αεροπλάνο μου είναι τουριστικό. Θέλετε να σας πάω μια βόλτα;

– Να πας μόνος σου. Φύγε μακριά και μην ξαναπατήσεις εδώ.

– Ναι, ναι, στρίγκλισε η γριούλα. Να διώξετε κι αυτό το παλιοκόριτσο που θέλει να μου κλέψει τα κάστανα.

– Γιαγιάκα, είπε η κοπέλα, μη λες ψέματα. Αν θέλεις να μου πουλήσεις τα κάστανά σου, θα σ' τα πληρώσω.

– Διώξτε την! Κι αυτήν και την παλιοκιθάρα της!

– Κι εσύ, κοκκινομούρη, συνέχισε ο βοσκός, γύρνα στα χωράφια σου. Δε θέλουμε ληστές εδώ πέρα.

– Ούτε ληστές ούτε κιθάρες, πρόσθεσε η γριούλα.

– Κιθάρα πολύ καλό όργανο, πετάχτηκε ο Ινδιάνος.

– Είδατε; Συμφωνώ απολύτως.

– Γιαγιάκα, έκανε ο πιλότος, γιατί φωνάζεις έτσι; Μήπως να έλεγες στην κοπέλα να μας παίξει κάτι; Η μουσική ηρεμεί τα πνεύματα.

– Για να τελειώνουμε μ' αυτή την ιστορία, είπε ο αρχηγός των βοσκών, φύγετε με το καλό και οι τρεις, αλλιώς θα δείτε τι θα πάθετε.

– Εγώ μείνει εδώ. Μίλησα.

– Κι εγώ μείνει εδώ, πετάχτηκε η κοπέλα, όπως και ο φίλος μου ο Καθιστός Ταύρος. Πάει και τελείωσε.

– Κι εγώ, είπε ο πιλότος, έχω έρθει από μακριά και δεν πρόκειται να φύγω. Έλα, κοπελιά, παίξε μας κάτι. Για να δούμε αν η κιθάρα σου θα ηρεμήσει λίγο την παρέα.

Και το κορίτσι αμέσως άρχισε να γρατζουνίζει τις χορδές της κιθάρας του...

ΠΡΩΤΟ ΤΕΛΟΣ

Στο άκουσμα της κιθάρας, οι βοσκοί σήκωσαν τα μπαστούνια τους και σφύριξαν στα σκυλιά.

– Δρόμο από δω! Φύγετε!

– Όρμα, Τζακ! Επάνω τους, Λύκε!

– Ελάτε, παιδιά, να τους στείλουμε από κει που ήρθαν.

– Ή μάλλον, να τους στείλουμε στον αγύριστο...

Ο Ινδιάνος, χωρίς να κάνει βήμα πίσω, κούνησε το τσεκούρι του.

– Εγώ έτοιμος, είπε. *Άουγκ!*

Ο πιλότος, όμως, είχε διαφορετική άποψη.

– Δε θα κάτσουμε εδώ να σκοτωθούμε. Έλα, κοπελιά, μπες στο αεροπλάνο. Κι εσύ, Καθιστέ Ταύρε, γρήγορα. Η μηχανή είναι αναμμένη. Μπήκατε όλοι; Φύγαμε!

Με μια βροντή, το μικρό αεροπλανάκι σηκώθηκε από τη φάτνη κι άρχισε να πετάει γύρω γύρω στο δωμάτιο.

– Πού πάμε; ρώτησε η κοπέλα, σφίγγοντας στο στήθος της την κιθάρα, από το φόβο μήπως της την πάρει ο αέρας με τη φόρα που είχε πάρει το αεροπλάνο.

– Ξέρω μια καταπληκτική κούτα με πολλή ησυχία.

– Κι εγώ την ξέρω.

– Κι εγώ ξέρει. *Άουγκ!*

– *Άουγκ*, λοιπόν! Γρήγορα στην κούτα! Να την εκεί κάτω. Ευτυχώς είναι ακόμα ανοιχτή. Θα περάσουμε καλά οι τρεις μας, μακριά από αυτούς τους απολίτιστους.

– *Άουγκ!* έκανε και ο Ινδιάνος, μα δε φαινόταν και πολύ ενθουσιασμένος.

ΔΕΥΤΕΡΟ ΤΕΛΟΣ

Στο άκουσμα της κιθάρας, οι βοσκοί άρχισαν να κουνάνε απειλητικά τα μπαστούνια τους.

– Εντάξει, εντάξει, αναστέναξε τότε η κοπέλα. Αφού δε σας αρέσει η κιθάρα, θα την κάνω κομμάτια. Σας παρακαλώ, όμως, φωνάξτε πίσω τα σκυλιά πριν μου σκίσουν το παντελόνι.

– Έτσι μπράβο, της είπε ικανοποιημένη η γριούλα. Έλα να σου δώσω μερικά κάστανα.

– Πρώτα δώστε μου λίγο αλεύρι, είπε το κορίτσι. Θα βάψουμε τον Καθιστό Ταύρο λευκό, για να μην εκνευρίζονται οι βοσκοί όταν τον βλέπουν.

– Πολύ σωστή σκέψη, απάντησαν οι βοσκοί. Ο κοκκινομούρης, όμως, συμφωνεί;

– *Άουγκ*! έκανε ο ερυθρόδερμος.

Και τους άφησε να τον βάψουν λευκό.

– Και το αεροπλάνο; ρώτησαν οι βοσκοί.

– Ξέρετε τι λέω να το κάνουμε; Να το κάψουμε, πρότεινε ο πιλότος. Έτσι θα ζεσταθούμε κιόλας.

– Πολύ σωστή σκέψη και αυτή. Ιδίως τώρα που τις νύχτες κάνει κρύο.

Η φωτιά πρέμησε τα πνεύματα στην παλιά φάτνη. Και γύρω από τη φωτιά οι βοσκοί, παίζοντας τις φλογέρες τους, χόρευαν ταραντέλα.

ΤΡΙΤΟ ΤΕΛΟΣ

Στο άκουσμα της κιθάρας, οι βοσκοί έκαναν να ορμήσουν στους τρεις νέους επισκέπτες, αλλά μια δυνατή και αυστηρή φωνή τους συγκράτησε:

- Ειρήνη! Ειρήνη!

– Ποιος μίλησε;

– Κοιτάξτε! Ένας από τους τρεις μάγους άφησε το καραβάνι κι έρχεται προς το μέρος μας. Εξοχότατε, μεγάλη μας τιμή!

– Με λένε Γασπάρ κι όχι Εξοχότατο. Εξοχότατος δεν είναι όνομα.

– Γεια σου, Γασπάρ, είπε το κορίτσι με την κιθάρα.

– Καλησπέρα, παιδί μου. Άκουσα τη μουσική σου. Η αλήθεια είναι ότι δεν κατάλαβα και πολλά με όλη αυτή τη φασαρία. Έχω ακούσει και καλύτερες μουσικές. Δεν ήταν όμως κακή.

– Ευχαριστώ, Γασπάρ.

– *Άουγκ*! έκανε ο ερυθρόδερμος.

– Γεια και χαρά σου κι εσένα, Καθιστέ Ταύρε ή Μαύρε Αετέ ή Βροντερό Σύννεφο, ή όπως αλλιώς σε λένε. Καλησπέρα και σ' εσένα, πιλότε. Και σ' εσάς, βοσκοί, και σ' εσένα, γιαγιάκα. Μύρισα το άρωμα από τα κάστανά σου.

– Αυτό το παλιοκόριτσο ήθελε να μου τα πάρει.

– Σώπα, καλέ. Μάλλον έτσι σου φάνηκε. Δε μου μοιάζει για κλέφτρα.

– Κι αυτός ο τύπος με το τσεκούρι; φώναξαν οι βοσκοί. Πώς τολμάει κι έρχεται στη φάτνη μας μ' αυτή την κόκκινη φάτσα του;

– Τον ρωτήσατε γιατί ήρθε ως εδώ;

– Δε χρειάζεται να τον ρωτήσουμε. Είναι ολοφάνερο. Ήθελε να μας σκοτώσει...

– Εγώ έστειλε μήνυμα, είπε ο Ινδιάνος. Ειρήνη σε καλούς ανθρώπους. Εγώ καλός άνθρωπος.

– Τ' ακούσατε αυτό; είπε τότε ο Γασπάρ. Το μήνυμα απευθύνεται σε όλους: στους λευκούς και στους ερυθρόδερμους, σε όσους πάνε με τα πόδια και σε όσους πάνε με το αεροπλάνο, σε όσους παίζουν τσαμπούνα και σε όσους παίζουν κιθάρα. Αν μισείτε όποιον είναι διαφορετικός από εσάς, σημαίνει ότι δεν έχετε καταλάβει το μήνυμα.

Ακολούθησε σιωπή. Και ύστερα ακούστηκε η φωνή της γριούλας που ψιθύριζε:

– Έι, κοπελιά, σου αρέσουν τα κάστανα; Έλα, πάρε, και κοίτα να δεις, δε σ' τα πουλάω, σ' τα χαρίζω. Κι εσείς, κύριε πιλότε, θέλετε μερικά; Κι εσάς, κύριε Ιπτάμενε Ταύρε, συγγνώμη, αλλά δε θυμάμαι ακριβώς το όνομά σας, σας αρέσουν τα κάστανα;

– *Άουγκ*, απάντησε ο Ινδιάνος.

Ο καθηγητής Φοβέριους

Ο καθηγητής Φοβέριους και ο βοηθός του, ο Τσιράκιος, ετοίμαζαν στα κρυφά εδώ και καιρό μια τρομερή εφεύρεση. Ο Φοβέριους, όπως μαρτυρά και το όνομά του, ήταν ένας διαβολικός επιστήμονας, ικανός αλλά και μοχθηρός, που χρησιμοποιούσε την εκπληκτική του ευφυΐα για να καταστρώνει φοβερά και τρομερά σχέδια.

– Αγαπητέ μου Τσιράκιε, θα δεις. Το ατομικό σουπερκρίκ που κατασκευάζουμε θα είναι το θαύμα του αιώνα.

– Δεν έχω καμία αμφιβολία, κύριε καθηγητά. Φαντάζομαι κιόλας την έκπληξη των Ιταλών όταν, χάρη στο σουπερκρίκ, σηκώσετε τον πύργο της Πίζας και τον μεταφέρετε στο Λευκό Όρος.

– Τον πύργο της Πίζας; γρύλισε ο Φοβέριους. Το Λευκό Όρος; Μα καλά, Τσιράκιε, πώς σου ’ρθαν αυτές οι χαζομάρες;

– Μα, καθηγητά, όταν σχεδιάζαμε...

– *Σχεδιάζαμε,* αξιότιμε κύριε Τσιράκιε; Για πες μου, εσύ τι σχεδίασες ακριβώς; Ποια ήταν η δική σου εφεύρε-

ση; Το περιτύλιγμα της σοκολάτας; Η ομπρέλα χωρίς χερούλι; Ή μήπως το ζεστό νερό;

– Θα επανορθώσω αμέσως, καθηγητά Φοβέριους, αναστέναξε ο Τσιράκιος με ύφος ταπεινό. Όταν εσείς, και μόνο εσείς, σχεδιάζατε το σουπερκρίκ, νομίζω πως σας άκουσα να μιλάτε για τον πύργο της Πίζας και την ψηλότερη κορυφή των Άλπεων...

– Το θυμάμαι πολύ καλά. Ναι. Το είπα, όμως, μόνο και μόνο για να λάβω τα μέτρα μου, φίλτατε Τσιράκιε, καθότι έχεις τη συνήθεια να μιλάς δεξιά κι αριστερά με το βοηθό του φούρναρη, το βοηθό του γαλατά, το θυρωρό, την κουνιάδα του ξαδέλφου του θυρωρού...

– Δεν τη γνωρίζω! Σας τ' ορκίζομαι, καθηγητά. Δε γνωρίζω την κουνιάδα του ξαδέλφου του θυρωρού και σας υπόσχομαι ότι δε θα κάνω το παραμικρό για να τη γνωρίσω.

– Εντάξει, ας τη βγάλουμε από την κουβέντα μας. Ήθελα να σου εξηγήσω, αγαπητέ και ανόητε Τσιράκιε, ότι, επειδή δε σου έχω εμπιστοσύνη, σου είπα ένα παραμύθι για τον πύργο της Πίζας για να σου κρύψω το πραγματικό μου σχέδιο, που έπρεπε να μείνει μυστικό.

– Μέχρι πότε, κύριε καθηγητά;

– Μέχρι χτες, περίεργε Τσιράκιε. Σήμερα, όμως, έχεις το δικαίωμα να το μάθεις. Σε λίγες ώρες το μηχάνημα θα είναι έτοιμο. Θα φύγουμε απόψε κιόλας.

– Θα φύγουμε, καθηγητά Φοβέριους;

– Με το ατομικό μας σουπερκρίκ, εννοείται.

– Και πού θα πάμε, αν επιτρέπεται;

– Προορισμός μας είναι το διάστημα, Τσιράκιέ μου, με τις πολλές ερωτήσεις.

– Το διάστημα!

– Και πιο συγκεκριμένα, το Φεγγάρι.

– Το Φεγγάρι!

– Βλέπω από τα ερωτηματικά τώρα πέρασες στα θαυμαστικά. Ας μη χάνουμε χρόνο. Άκου το σχέδιό μου. Με το σουπερκρίκ θα σηκώσω το Φεγγάρι, θα το ξεκολλήσω από την τροχιά του και θα το βάλω σε όποιο σημείο στο σύμπαν θέλω εγώ.

– Τρομερό!

– Από εκεί, αγαπητέ Τσιράκιε, θα διαπραγματευτούμε με τους γήινους.

– Εξαιρετικό!

– Θέλετε πίσω το Φεγγάρι σας; Ε τότε, θα το πληρώσετε χρυσό για να το αγοράσετε από τον καινούριο του ιδιοκτήτη, τον καθηγητή Φοβέρα Φοβέριους.

– Σπουδαίο!

– Χρυσό, με καταλαβαίνεις, Τσιράκιε; Χρυσό.

– Σούπερ καταπληκτικό!

– Το έπιασες τώρα;

– Το έπιασα, κύριε καθηγητά. Η πιο ευφυής ιδέα του αιώνα μας.

– Και, ελπίζω, η πιο μοχθηρή. Αποφάσισα να περάσω στην ιστορία ως ο πιο διαβολικός άνθρωπος όλων των εποχών. Και τώρα, Τσιράκιε, πίσω στη δουλειά...

Λίγες ώρες ήταν αρκετές για τις τελευταίες πινελιές. Το ατομικό σουπερκρίκ ήταν έτοιμο να μπει σε λειτουργία.

Ήταν μια παράξενη συσκευή που έμοιαζε με αυτή που χρησιμοποιούν οι οδηγοί αυτοκινήτων για να σηκώνουν το αυτοκίνητό τους όταν μένουν από λάστιχο. Ήταν απλώς λίγο πιο μεγάλη και συνδεόταν με μια διαστημική καμπίνα που είχε δύο θέσεις. Μόλις ο καθηγητής Φοβέριους αποφάσισε να ξεκινήσει τη διαβολική του επιχείρηση, έκατσε στις θέσεις αυτές μαζί με το βοηθό του. Ο Τσιράκιος, για να λέμε την αλήθεια, μετά βίας έκρυβε το παράξενο τρέμουλό του.

– Ακίνητος, Τσιράκιε!

– Ναι, κα... κα... καθηγητά...

– Και μην τραυλίζεις!

– Όοοχι, κα... κα... καθηγητά...

– Πάρε αυτό το χάπι. Θα ηρεμήσεις αμέσως.

– Ευχαριστώ, καθηγητά Φοβέριους. Είμαι πολύ ήρεμος τώρα.

– Τέλεια. Αντίστροφη μέτρηση, Τσιράκιε...

– *Πέντε... έξι... εφτά...*

– Τσιράκιε, είπα αντίστροφη! Αντίστροφη!

– Α, ναι. Χίλια συγγνώμη. *Πέντε... τέσσερα... τρία... δύο... ένα...*

– *Εκτόξευση!*

ΠΡΩΤΟ ΤΕΛΟΣ

Εκείνο το βράδυ το Φεγγάρι δεν πρόβαλε στον ουρανό. Στην αρχή, όλοι νόμιζαν ότι είχε κρυφτεί πίσω από κάποιο σύννεφο. Ο ουρανός, όμως, ήταν καθαρός και γεμάτος αστέρια. Και το Φεγγάρι έλαμπε διά της απουσίας του, όπως έλεγαν κάποτε.

Τελικά, ύστερα από συνεχείς έρευνες, οι αστρονόμοι το εντόπισαν κοντά στον αστερισμό του Σκορπιού.

– Κοίτα πού πήγε και χώθηκε! Πώς έγινε αυτό;

Εκείνη τη στιγμή, η φωνή του καθηγητή Φοβέριους ακούστηκε απ' όλα τα ραδιόφωνα της Γης.

– Προσοχή, προσοχή! Εδώ Φοβέριους. Φοβέριους καλεί Γη. Όπως θα διαπιστώσατε, το Φεγγάρι είναι πλέον δικό μου. Αν το θέλετε πίσω, θα πρέπει να πληρώσετε το βάρος του σε χρυσό. Οι αστρονόμοι ξέρουν το βάρος του μέχρι και το τελευταίο γραμμάριο. Θα περιμένω είκοσι τέσσερις ώρες για να μου απαντήσετε. Αν δε δεχτείτε τους όρους μου, το Φεγγάρι θα εκραγεί και δε θα το ξαναδείτε. Καταλάβατε; Ποτέ ξανά! Προσοχή, προσοχή. Εδώ Φοβέριους...

Και ο διαβολικός επιστήμονας, για να βεβαιωθεί ότι τον κατάλαβαν, επανέλαβε άλλες δύο φορές το μήνυμά του. Γι' αυτό τον πανούργο άνθρωπο ήταν παιχνιδάκι να μπει ταυτόχρονα σε όλα τα ραδιοφωνικά προγράμματα ολόκληρου του πλανήτη.

Για κακή του τύχη, όμως, κανείς στη Γη δεν ενδιαφέρθηκε για την εξαφάνιση του Φεγγαριού. Και πράγματι, η Αμερική, η Ρωσία, η Ιταλία, η Γαλλία, η Κίνα, η Ιαπωνία, όπως και πολλές άλλες χώρες, φρόντισαν να στείλουν αμέσως στο διάστημα μεγάλες ποσότητες τεχνητών Φεγγαριών, το ένα πιο φωτεινό από το άλλο. Υπήρχε μάλιστα τόσο φως, που ο κόσμος παραπονιόταν ότι δεν μπορούσε να κοιμηθεί.

Ο καθηγητής Φοβέριους αναγκάστηκε να κρατήσει

το παλιό Φεγγάρι και να τρώει τα νύχια του από την οργή του.

ΔΕΥΤΕΡΟ ΤΕΛΟΣ

Η εξαφάνιση του Φεγγαριού προκάλεσε τρόμο και ανησυχία από άκρη σε άκρη στη Γη.

– Πώς θα απολαμβάνουμε την πανσέληνο όταν δεν υπάρχει Φεγγάρι; αναρωτιόντουσαν οι ονειροπόλοι.

– Κι εγώ, που έπεφτα για ύπνο μόλις έβγαινε το Φεγγάρι για να γλιτώσω το ρεύμα; Τώρα θα πρέπει να ανάβω το φως; αναρωτιόταν ένας τσιγκούνης.

«Φέρτε πίσω το Φεγγάρι!» έγραφαν οι εφημερίδες.

Ένας απατεώνας άρχισε να τριγυρνάει στα σπίτια παριστάνοντας τον υπεύθυνο της επιτροπής που μάζευε τον απαραίτητο χρυσό για την αγορά του Φεγγαριού. Πολλοί αφελείς του έδιναν δαχτυλίδια, σκουλαρίκια, κολιέ και αλυσίδες. Μόλις ο απατεώνας μάζεψε μερικές δεκάδες γραμμάρια χρυσό, το έσκασε στη Βενεζουέλα και από τότε χάθηκαν τα ίχνη του.

Για καλή τύχη της ανθρωπότητας και όσων αγαπούσαν το Φεγγάρι, εκείνη την εποχή στην Ιταλία ζούσε ένας επιστήμονας έξυπνος σαν τον καθηγητή Φοβέριους, αλλά όχι τόσο μοχθηρός, ονόματι Μαγνέτικους. Μέσα σε λίγες ώρες, χωρίς να πει τίποτα σε κανέναν, κατασκεύασε έναν ατομικό υπερμαγνήτη, με τον οποίο τράβηξε το Φεγγάρι στην παλιά του τροχιά, στη σωστή απόσταση από τη Γη. Άδικα ο Φοβέριους έθεσε σε εφαρμογή όλες τις τρομερές δυνατότητες του σουπερκρίκ. Τίποτα δεν μπορούσε να υπερνικήσει το μαγνήτη του Μαγνέτικους. Ο Φοβέριους, από την οργή του, μετακόμισε στον πλανήτη Δία.

Ο κόσμος δεν έμαθε ποτέ ποιος και πώς είχε φέρει πίσω το Φεγγάρι χωρίς να πάθει το παραμικρό αλλά και χωρίς να ξοδευτεί στο ελάχιστο. Ο Μαγνέτικους αδιαφορούσε για τη δόξα και δεν αποκάλυψε το μυστικό του. Άλλωστε, ήταν ήδη απασχολημένος με μια άλλη πολύ σημαντική ανακάλυψη: τα κουμπιά που δεν ξηλώνονται ποτέ. Ως γνωστόν, γι' αυτή την εφεύρεση πέρασε αργότερα στην ιστορία.

ΤΡΙΤΟ ΤΕΛΟΣ

Προφέροντας τη λέξη «εκτόξευση», ο καθηγητής Φοβέριους έβγαλε ένα τρομερό σφύριγμα, που οι γείτονές του το πέρασαν για ουρλιαχτό σειρήνας. Λίγο αργότερα, ο εφευρέτης και ο βοηθός του βρίσκονταν στη Σελήνη και το σουπερκρίκ, που είχε χωθεί σε ένα μικρό κρατήρα, μπήκε σε λειτουργία.

– Εντυπωσιακό, κύριε καθηγητά, αναφώνησε ο Τσιράκιος τρίβοντας τα χέρια του. Σούπερ φοβερό.

– Ησυχία! φώναξε νευριασμένος ο Φοβέριους.

– Ησυχία! επανέλαβε λίγο αργότερα, παρότι ο Τσιράκιος δεν είχε ανοίξει το στόμα του.

Όταν ο καθηγητής Φοβέριους φώναξε για τρίτη φορά «ησυχία!», μέχρι και ο Τσιράκιος κατάλαβε ότι κάτι δεν πήγαινε καλά. Το μεγάλο σουπερκρίκ ξόδευε άσκοπα όλη τη διαβολική του δύναμη. Το Φεγγάρι δε μετακινούνταν ούτε ένα χιλιοστό από τη γνωστή του θέση. Αν θέλετε να ξέρετε, ο μορφωμένος και πανούργος καθηγητής Φοβέριους δεν τα πήγαινε καλά με τη μέτρηση του βάρους και το δεκαδικό σύστημα μέτρησης. Κι έτσι, όταν υπολόγισε το βάρος του Φεγγαριού, έκανε λάθος στη μετατροπή των τόνων σε κιλά. Το σουπερκρίκ είχε κατασκευαστεί για ένα Φεγγάρι δέκα φορές πιο μικρό και πιο ελαφρύ από το δικό μας. Ο καθηγητής Φοβέριους γρύλισε οργισμένος, μπήκε στο διαστημόπλοιό του και χάθηκε στο διάστημα, αφήνοντας τον άμοιρο Τσιράκιο μόνο κι έρημο στη Σελήνη, χωρίς ούτε ένα ποτήρι νερό. Χωρίς ούτε μια τόση δα καραμέλα για να του απαλύνει το φόβο.

Νυχτερινές φωνές

Θυμάστε το παλιό παραμύθι με την πριγκίπισσα που δεν μπορούσε να κοιμηθεί επειδή υπήρχε ένα μπιζέλι κάτω από το τελευταίο στρώμα σ' εκείνο το βουνό από στρώματα όπου κοιμόταν; Αν το θυμάστε, τότε θα καταλάβετε καλύτερα την ιστορία αυτού του ηλικιωμένου άντρα.

Μια νύχτα, ενώ είχε ήδη ξαπλώσει και ετοιμαζόταν να σβήσει το φως, άκουσε κάτι. Ήταν μια φωνή που έκλαιγε...

– Παράξενο, είπε. Νομίζω ότι ακούω... Λες να έχει μπει κανείς στο σπίτι;

Ο ηλικιωμένος άντρας σηκώθηκε, φόρεσε τη ρόμπα του, έκανε το γύρο του μικρού του διαμερίσματος όπου ζούσε μόνος κι άναψε το φως...

– Όχι, δεν είναι κανείς. Μάλλον θα ακούγεται από τους γείτονες.

Ο ηλικιωμένος άντρας επέστρεψε στο κρεβάτι του. Ύστερα από λίγο, να την πάλι η ίδια φωνή που έκλαιγε.

– Μάλλον έρχεται από το δρόμο. Να δεις που κάποιος κλαίει εκεί κάτω. Καλύτερα να πάω να δω.

Ο ηλικιωμένος άντρας σηκώθηκε και πάλι, κουκουλώθηκε, γιατί έκανε κρύο, και κατέβηκε στο δρόμο.

– Εδώ νόμιζα ότι ήταν, μα τώρα δε βλέπω κανέναν. Μάλλον θα ακούγεται από το διπλανό δρόμο.

Ακολουθώντας το κλάμα, ο ηλικιωμένος άντρας περπάτησε από δρόμο σε δρόμο κι από πλατεία σε πλατεία. Έκανε το γύρο της πόλης και μόλις έφτασε στα τελευταία σπίτια του τελευταίου δρόμου, κάτω από μια εξώπορτα, συνάντησε ένα γεράκο που σιγόκλαιγε.

– Τι κάνετε εδώ; Είστε καλά;

Ο γεράκος ήταν ξαπλωμένος πάνω σε κάτι κουρέλια. Μόλις άκουσε πως κάποιος του μιλούσε, τρόμαξε:

– Ποιος είστε εσείς; Κατάλαβα. Ο αφέντης του σπιτιού... Τα μαζεύω και φεύγω. Φεύγω τώρα.

– Και πού θα πάτε;

– Πού; Δεν έχω ιδέα. Δεν έχω σπίτι, δεν έχω κανέναν. Βρήκα καταφύγιο εδώ... Κάνει κρύο απόψε. Για κοιμηθείτε εσείς στα παγκάκια ή στα πάρκα σκεπασμένος με κάνα δυο εφημερίδες και θα δείτε αν θα ξαναξυπνήσετε. Τι σας νοιάζει, όμως, εσάς; Τα μαζεύω και φεύγω...

– Όχι, ακούστε. Περιμένετε... Δεν είμαι ο αφέντης του σπιτιού.

– Και τότε τι θέλετε; Να σας κάνω χώρο; Ελάτε, καθίστε. Δεν έχω κουβέρτες, αλλά υπάρχει χώρος για δύο.

– Ήθελα να σας πω... Στο σπίτι μου, αν θέλετε με πιστεύετε, είναι λίγο πιο ζεστά. Έχω κι έναν καναπέ...

– Καναπέ; Στα ζεστά;

– Εμπρός, ελάτε. Και ξέρετε τι θα κάνουμε; Πριν πέσουμε για ύπνο, θα πιούμε ένα ζεστό φλιτζάνι γάλα...

Ο ηλικιωμένος κύριος και ο άστεγος γεράκος επέστρεψαν μαζί σπίτι. Την επόμενη μέρα ο ηλικιωμένος κύριος πήγε το γεράκο στο νοσοκομείο, γιατί έτσι όπως κοιμόταν στα πάρκα και στις εξώπορτες είχε αρπάξει γερή βρογχίτιδα. Όταν επέστρεψε σπίτι του, είχε πια νυχτώσει. Ο ηλικιωμένος άντρας έκανε να ξαπλώσει, όταν άκουσε και πάλι μια φωνή που έκλαιγε...

– Άντε πάλι, είπε. Δε χρειάζεται να κοιτάξω στο σπίτι.

Δεν είναι κανείς εδώ. Δε χρειάζεται καν να προσπαθήσω να κοιμηθώ. Μ' αυτή τη φωνή μέσα στ' αυτιά μου δεν πρόκειται να κλείσω μάτι. Καλύτερα να πάω να ρίξω μια ματιά.

Όπως και την προηγούμενη νύχτα, ο ηλικιωμένος άντρας βγήκε από το σπίτι του, περπάτησε και ξαναπερπάτησε ακολουθώντας τη φωνή που έκλαιγε· και που αυτή τη φορά μάλλον ερχόταν από πολύ μακριά.

Δρόμο παίρνει, δρόμο αφήνει και τελικά διέσχισε όλη την πόλη. Και δώστου να περπατάει, ώσπου συνέβη κάτι παράξενο. Ξαφνικά βρέθηκε σε μια άλλη πόλη, όχι τη δική του αλλά σε μια άλλη, και ύστερα σε μια άλλη. Περπατούσε και περπατούσε όλο και πιο μακριά. Διέσχισε όλο το νομό, μέχρι που έφτασε σε ένα χωριουδάκι στην κορυφή ενός βουνού. Εκεί ήταν μια φτωχή γυναίκα που έκλαιγε γιατί το παιδάκι της ήταν άρρωστο και δεν είχε κανέναν να της φωνάξει το γιατρό.

– Δεν μπορώ ν' αφήσω μόνο του το παιδί μου, ούτε και να το βγάλω έξω μ' αυτό το χιόνι...

Τριγύρω, τα πάντα ήταν χιονισμένα. Η νύχτα έμοιαζε με λευκή έρημο.

– Ελάτε, είπε ο ηλικιωμένος άντρας. Πείτε μου πού μένει ο γιατρός και θα πάω εγώ να τον φωνάξω. Στο μεταξύ, βάλτε κρύες κομπρέσες στο παιδί για να του πέσει ο πυρετός.

Ο ηλικιωμένος άντρας έκανε αυτό που έπρεπε να κάνει. Και να τος τώρα στο δωμάτιό του και πάλι. Έχει έρθει η επόμενη νύχτα. Και ως συνήθως, εκεί που πάει να κοιμηθεί, μια φωνή τρυπώνει στον ύπνο του. Μια φωνή που κλαίει και μοιάζει να είναι εκεί, δίπλα στο μαξιλάρι του. Ούτε λόγος, βέβαια, να την αφήσει να κλαίει. Ο ηλικιωμένος άντρας, αναστενάζοντας, ξαναντύνεται, βγαίνει από το σπίτι και περπατάει, περπατάει, περπατάει. Και πάλι του συμβαίνει το ίδιο παράξενο πράγμα, μόνο που αυτή τη φορά διέσχισε όλη την Ιταλία. Διέσχισε τη θάλασσα και βρέθηκε σε μια χώρα όπου γινόταν πόλεμος. Εκεί συνάντησε μια απελπισμένη οικογένεια. Μια βόμβα είχε καταστρέψει το σπίτι τους.

– Κουράγιο, κουράγιο, είπε ο ηλικιωμένος άντρας.

Κι έκανε ό,τι μπορούσε για να τους βοηθήσει. Δεν μπορούσε να κάνει τα πάντα, όμως στο τέλος εκείνοι σταμάτησαν το κλάμα κι έτσι εκείνος γύρισε σπίτι του. Τώρα πια είχε ξημερώσει. Ήταν αδύνατον να κοιμηθεί τέτοια ώρα.

– Απόψε, είπε ο ηλικιωμένος άντρας, θα πέσω για ύπνο λίγο νωρίτερα.

Μα πάντα υπάρχει μια φωνή που κλαίει. Πάντα υπάρχει κάποιος που κλαίει στην Ευρώπη ή στην Αφρική, στην Ασία ή στην Αμερική. Πάντα υπάρχει μια φωνή που κλαίει τις νύχτες στο σπίτι του ηλικιωμένου άντρα, δίπλα στο μαξιλάρι του, και δεν τον αφήνει να κοιμηθεί. Πάντα, κάθε νύχτα. Κι εκείνος πάντα ακολουθεί κάποια μακρινή φωνή. Μπορεί να βρίσκεται στην άλλη άκρη της Γης, εκείνος όμως την ακούει. Την ακούει και δεν μπορεί να κλείσει μάτι...

ΠΡΩΤΟ ΤΕΛΟΣ

Αυτός ο ηλικιωμένος άντρας ήταν καλός, πολύ καλός άνθρωπος. Δυστυχώς, όμως, επειδή δεν κοιμόταν, είχε αρχίσει να γίνεται νευρικός, πολύ νευρικός.

– Να μπορούσα τουλάχιστον να κοιμόμουν μέρα παρά μέρα. Στο κάτω κάτω, δεν υπάρχω μόνο εγώ στον κόσμο. Μα καλά, κανείς άλλος δεν ακούει αυτές τις φωνές; Κανείς άλλος δε σκέφτεται να πάει να δει τι συμβαίνει;

Κάποιες νύχτες, μόλις άκουγε τη φωνή, προσπαθούσε να αντισταθεί:

– Αυτή τη φορά δε θα σηκωθώ. Είμαι κρυωμένος και με πονάει η μέση μου. Κανείς δεν μπορεί να με κατηγορήσει ότι είμαι εγωιστής.

Η φωνή, όμως, επέμενε. Επέμενε τόσο πολύ, που ο ηλικιωμένος άντρας αναγκαζόταν να σηκωθεί.

Ένιωθε όλο και πιο κουρασμένος. Όλο και πιο νευρικός.

Στο τέλος, απέκτησε τη συνήθεια να βάζει ωτοασπίδες πριν πέσει για ύπνο. Έτσι δεν άκουγε τις φωνές και τον έπαιρνε ο ύπνος.

– Θα το κάνω μόνο για λίγο καιρό, έλεγε. Ίσα ίσα για να ξεκουραστώ λίγο. Πες ότι πήγα διακοπές...

Έβαζε τις ωτοασπίδες επί ένα μήνα συνεχώς.

Ένα βράδυ δεν τις έβαλε. Τέντωσε τ' αυτιά του. Τώρα πια δεν άκουγε τίποτα. Έμεινε ξύπνιος τη μισή νύχτα προσπαθώντας να ακούσει κάτι. Καμία φωνή, κανένα κλάμα. Μονάχα κάποιος σκύλος που γάβγιζε μακριά.

– Ή κανείς δεν κλαίει πια ή εγώ κουφάθηκα, κατέληξε. Δεν πειράζει. Καλύτερα έτσι.

ΔΕΥΤΕΡΟ ΤΕΛΟΣ

Για πολλές μα πάρα πολλές νύχτες και για πολλά μα πάρα πολλά χρόνια, ο ηλικιωμένος άντρας συνέχιζε έτσι. Σηκωνόταν πάντα, ό,τι καιρό κι αν έκανε, κι έτρεχε από τη μια άκρη της Γης στην άλλη για να βοηθήσει κάποιον. Χωρίς να αλλάζει ρούχα, κάθε μεσημέρι τον έπαιρνε ο ύπνος σε μια πολυθρόνα πιο μεγάλη σε ηλικία κι από τον ίδιο.

Οι γείτονες άρχισαν να τον υποπτεύονται.

– Πού πάει κάθε βράδυ;

– Τριγυρνάει εδώ κι εκεί. Δεν έχετε καταλάβει ακόμα ότι είναι αλήτης;

– Εμένα μου μοιάζει με κλέφτη...

– Με κλέφτη, ε; Σωστά! Ορίστε, λύθηκε το μυστήριο.

– Καλύτερα να έχουμε το νου μας.

Ένα βράδυ, στην ίδια πολυκατοικία, έγινε μια κλοπή. Οι γείτονες έριξαν το φταίξιμο στον ηλικιωμένο άντρα. Έκαναν άνω κάτω όλο το σπίτι του για να βρουν στοιχεία. Ο ηλικιωμένος άντρας διαμαρτυρόταν με όλη του τη δύναμη:

– Είμαι αθώος! Είμαι αθώος!

– Α, ναι; Και τότε, για πες μας, πού ήσουν χτες το βράδυ;

– Ήμουν... ήμουν στην Αργεντινή. Ένας χωρικός έχασε την αγελάδα του και...

– Ακούστε τι λέει ο ξεδιάντροπος! Στην Αργεντινή! Και κυνηγούσε αγελάδες!

Ο ηλικιωμένος άντρας τελικά κατέληξε στη φυλακή.

Και ήταν απελπισμένος, γιατί κάθε βράδυ άκουγε κάποια φωνή που έκλαιγε, μόνο που εκείνος δεν μπορούσε να βγει από το κελί του για να δει ποιος τον χρειαζόταν.

ΤΡΙΤΟ ΤΕΛΟΣ

Για την ώρα, δεν υπάρχει τρίτο τέλος.

Θα μπορούσε, όμως, να ήταν το εξής: μια νύχτα, σε ολόκληρη τη Γη, δεν υπάρχει ούτε ένας άνθρωπος που κλαίει. Ούτε ένα παιδί. Το ίδιο και την επόμενη... το ίδιο και κάθε νύχτα. Κανείς δεν κλαίει πια. Κανείς δεν είναι δυστυχισμένος.

Ίσως μια μέρα αυτό να γίνει πραγματικότητα. Ο ηλικιωμένος άντρας είναι πολύ ηλικιωμένος για να ζήσει μέχρι αυτή τη μέρα. Εξακολουθεί, όμως, να σηκώνεται, γιατί πρέπει να κάνει ό,τι οφείλει να κάνει. Πάντα. Χωρίς να χάνει την ελπίδα του.

Ο μάγος Τζιρό

Μια φορά κι έναν καιρό, ήταν ένας φτωχός μάγος που τον έλεγαν Τζιρό. Η αλήθεια είναι ότι ακούγεται παράλογο, γιατί οι λέξεις «μάγος» και «φτωχός» δεν ταιριάζουν στα παραμύθια. Αυτός ο μάγος, όμως, αν και πραγματικός μάγος, ήταν φτωχός γιατί εδώ και πολύ καιρό δεν είχε πια πελάτες.

– Είναι δυνατόν να μη με χρειάζεται κανείς; έλεγε απελπισμένος. Κάποτε είχα τόσους πολλούς πελάτες, που δεν τους προλάβαινα. Ο ένας ερχόταν για να του κάνω το τάδε μαγικό κόλπο, ο άλλος για κάποιο άλλο. Δεν το λέω για να καυχηθώ, αλλά ξέρω πολλά μαγικά. Λέω να πάω να ρίξω μια ματιά στον υπόλοιπο κόσμο για να μάθω τι έχει συμβεί. Αν έχει εμφανιστεί κανένας άλλος μάγος, πιο καλός από εμένα, θέλω να τον γνωρίσω.

Το 'πε και το 'κανε. Ο μάγος έβαλε σε ένα μπογαλάκι τα πολύτιμα αντικείμενά του, το μαγικό του ραβδί, το βιβλίο με τα μαγικά κόλπα, δυο τρεις μαγικές σκόνες, και ξεκίνησε το ταξίδι του.

Δρόμο παίρνει, δρόμο αφήνει, ώσπου το βράδυ είδε ένα σπιτάκι. Χτύπησε την πόρτα.

Τοκ τοκ.

- Ποιος είναι;

- Ένας φίλος, κυρία μου, ένας φίλος.

- Ω, τι καλά. Περάστε. Ελάχιστοι φίλοι έρχονται πια να με δουν. Καθίστε. Χρειάζεστε κάτι;

- Εγώ; Όχι, κυρία μου, δε χρειάζομαι τίποτα. Ίσως εσείς να με χρειάζεστε. Ξέρετε, είμαι μάγος και με λένε Τζιρό.

- Είστε μάγος; Σπουδαίο νέο!

- Ναι, καλά ακούσατε. Μάγος. Βλέπετε αυτό το ραβδί; Δεν του φαίνεται, αλλά είναι μαγικό. Αν πω δύο λέξεις, δύο λέξεις που μόνο εγώ ξέρω, ένα αστέρι θα γεμίσει με φως το σπίτι σας...

Στο άκουσμα αυτό η γυναίκα έβγαλε μια στριγκλιά:

- Α, μια και είπατε φως, μήπως να το ανάβαμε; Ήμουν μόνη και βυθισμένη στις σκέψεις μου κι ούτε που κατάλαβα για πότε άρχισε να νυχτώνει. Χίλια συγγνώμη. Ορίστε; Τι λέγατε πριν για το φως;

Ο μάγος, όμως, ήταν τόσο σαστισμένος, που δεν μπορούσε να πει κουβέντα. Κοιτούσε τη λάμπα με το στόμα ανοιχτό, λες και ήθελε να την καταπιεί.

- Μα... πώς το κάνατε αυτό;

- Πώς το έκανα; Απλό. Γύρισα το διακόπτη και το φως άναψε. Σπουδαίο πράγμα ο ηλεκτρισμός.

Ο μάγος Τζιρό κατέγραψε στο μυαλό του αυτή την καινούρια λέξη: «Ηλεκτρισμός. Να δεις που αυτός είναι ο μάγος που μου παίρνει τις δουλειές».

WONDER
FUL WIZAR

Έπειτα, έκανε την καρδιά του πέτρα και συνέχισε:

– Λοιπόν, κυρία μου, σας έλεγα ότι είμαι μάγος και ότι ξέρω ένα σωρό μαγικά. Για παράδειγμα, βάζοντας λίγη απ' αυτή τη σκόνη σ' ένα ποτήρι, θα σας βοηθήσω να ακούσετε τη φωνή κάποιου μακρινού προσώπου.

– Α, στρίγκλισε ξανά η γυναίκα. Μόλις μου θυμίσατε ότι πρέπει να τηλεφωνήσω στον υδραυλικό. Συγγνώμη ένα λεπτάκι. Να ο αριθμός του. Ναι, εμπρός; Είστε ο υδραυλικός; Τι καλά που σας βρήκα. Μπορείτε να περάσετε αύριο το πρωί να μου φτιάξετε το πλυντήριο; Ευχαριστώ. Θα σας περιμένω. Ευχαριστώ. Καλό βράδυ. Πάει κι αυτό.

Ο μάγος Τζιρό ξεροκατάπιε δυο τρεις φορές πριν ξαναβρεί τη λαλιά του.

– Κυρία μου, με ποιον μιλούσατε;

– Δεν ακούσατε; Με τον υδραυλικό. Φοβερή άνεση αυτό το τηλέφωνο...

Ο μάγος κατέγραψε στο μυαλό του και αυτή τη λέξη: «Να κι άλλος ένας μάγος που δεν ξέρω. Κοίτα να δεις τι ανταγωνισμός υπάρχει...»

Και ύστερα είπε:

– Κυρία μου, αν θέλετε να δείτε κάποιο μακρινό πρόσωπο σαν να το είχατε εδώ μπροστά σας σ' αυτό το δωμάτιο, μη διστάσετε. Έχω φέρει μια άλλη μαγική σκόνη με την οποία...

– Ω Θεέ μου! στρίγκλισε η γυναίκα διακόπτοντάς τον. Σήμερα τα έχω τελείως χαμένα. Ξέχασα να ανάψω την τηλεόραση για να δω τους αγώνες σκι. Το ξέρετε ότι ο γιος μου είναι πρωταθλητής του σκι; Πάω αμέσως να την ανάψω. Ελπίζω να προλάβω να τον δω... Κοίτα να δεις τύχη! Αυτός εκεί είναι ο γιος μου. Αυτός που του σφίγγουν όλοι το χέρι. Προφανώς πάλι κέρδισε. Είδατε τι όμορφο αγόρι; Και να φανταστείτε ότι θα το έχανα. Ευτυχώς που μου το θυμίσατε. Μήπως είστε μάγος;

– Ναι, κυρία μου. Σας το είπα. Είμαι ο μάγος Τζιρό.

– Α, αναφώνησε η γυναίκα χωρίς να τον ακούσει. Φοβερό πράγμα η τηλεόραση.

Ο φτωχός μάγος επανέλαβε μέσα του δύο φορές τη λέξη, για να σιγουρευτεί ότι την κατέγραψε σωστά στο μυαλό του. Και στο μεταξύ σκεφτόταν: «Να και μια μάγισσα. Τώρα καταλαβαίνω γιατί έχουν πέσει οι δουλειές με όλους αυτούς τους μάγους που κυκλοφορούν...»

Κι έπειτα συνέχισε υπομονετικά να προσφέρει τις υπηρεσίες του:

– Όπως σας έλεγα, κυρία μου, είμαι ένας σπουδαίος, ένας διάσημος μάγος. Ήρθα εδώ για να δω αν μπορώ να σας φανώ σε κάτι χρήσιμος. Να, ρίξτε μια ματιά. Αυτό είναι το βιβλίο με τα μαγικά κόλπα και τα ξόρκια. Αυτό είναι το μαγικό μου ραβδί...

ΠΡΩΤΟ ΤΕΛΟΣ

Δε χρειάζεται να πούμε βέβαια ότι ο μάγος Τζιρό δε βρήκε κανέναν πελάτη. Ο κόσμος είχε αλλάξει πάρα πολύ από την εποχή που εκείνος ταξίδευε τακτικά και έκανε τη δουλειά του. Μετά το φως, μετά το τηλέφωνο, μετά την τηλεόραση, ο φτωχός μάγος ανακάλυψε άλλα εκατό θαυμαστά πράγματα που κάποτε θα έδιναν δουλειά σε χίλιους δυο μάγους. Τώρα, όμως, όλος ο κόσμος τα είχε σπίτι του και μπορούσε να τα ελέγξει με το πάτημα ενός κουμπιού.

Ο μάγος αποφάσισε να ενημερωθεί για όσα συνέβαιναν στον κόσμο, γι' αυτό αγόρασε ένα βουνό από εφημερίδες. Ανακάλυψε ότι σε πολλά σημεία του πλανήτη δεν είχε φτάσει ακόμα ο ανταγωνισμός. Υπήρχαν ακόμα περιοχές χωρίς ηλεκτρικό, χωρίς τηλέφωνο, χωρίς ανέσεις. Περιοχές όπου ζούσε φτωχός κόσμος που δεν είχε χρήματα να αγοράσει τα μοντέρνα μαγικά κόλπα.

«Τέλεια», σκέφτηκε ο μάγος τρίβοντας τα χέρια του, απ' όπου πετάχτηκαν ένα σωρό σπίθες. «Σ' αυτές τις χώρες θα πάω. Εκεί κάτω όλο και κάποια δουλειά θα υπάρχει για μένα. Εκεί κάτω θα πρέπει να υπάρχει ακόμα σεβασμός για τους μάγους του παλιού καλού καιρού».

ΔΕΥΤΕΡΟ ΤΕΛΟΣ

Ο μάγος, ακούγοντας την ηλικιωμένη γυναίκα και παρατηρώντας το σπίτι και τις συσκευές, κατάλαβε ότι στον σύγχρονο κόσμο δεν υπήρχε πια θέση για τα παλιά μαγικά του κόλπα.

«Οι άνθρωποι έχουν γίνει πονηροί», μονολογούσε, «και έχουν εφεύρει ένα σωρό διαβολοπράγματα που εμείς οι μάγοι δεν είχαμε σκεφτεί ποτέ. Αγαπητέ Τζιρό, θα πρέπει να προσαρμοστείς. Πρέπει να ενημερώνεσαι, όπως λένε τώρα. Με άλλα λόγια: ή αλλάζεις επάγγελμα ή ετοιμάσου να περάσεις μαύρα κι άραχνα γηρατειά».

Κι επειδή ο μάγος Τζιρό δεν ήταν κανένας χαζός, ύστερα από δυο τρεις μέρες εξερεύνησης και σκέψης, ετοίμασε το σχέδιό του. Νοίκιασε μια μεγάλη αίθουσα και άρχισε να πουλάει ηλεκτρικές οικιακές συσκευές, ακόμη και με δόσεις. Πολύ σύντομα έγινε ένας πλούσιος καταστηματάρχης, αγόρασε αυτοκίνητο, μονοκατοικία στη λίμνη Ματζόρε, ιστιοπλοϊκό και τις Κυριακές πήγαινε βόλτα στη λίμνη. Κι αν δε φυσούσε αέρας, δεν τον ένοιαζε. Εκείνος φούσκωνε τα πανιά με ένα μικρό μαγικό κόλπο που ήξερε και μέσα σε λίγα λεπτά έφτανε όπου ήθελε. Δεν είχε βάλει ποτέ μπροστά τη μηχανή του σκάφους του, γιατί έτσι γλίτωνε τα λεφτά της βενζίνης.

ΤΡΙΤΟ ΤΕΛΟΣ

Τι μάθημα ήταν κι αυτό που πήρε εκείνη τη μέρα ο μάγος Τζιρό! Αν ήταν κανένας ανόητος, θα το έβαζε αμέσως κάτω. Όμως, κάθε άλλο παρά ανόητος ήταν. Αμέσως κατάλαβε ότι όλα αυτά τα θαυμαστά πράγματα που είχε ανακαλύψει στο σπίτι αυτής της κυρίας δεν ήταν μαγικά, αλλά επιτεύγματα της επιστήμης. Κι επειδή η φαντασία του οργίαζε, μονολόγησε:

«Κοίτα να δεις πόσα πράγματα επινόησαν οι άνθρωποι χωρίς το μαγικό ραβδί. Μονάχα με το μυαλό τους και τα χέρια τους. Ποιος ξέρει, όμως, πόσα ακόμη θα εφεύρουν. Θέλω να παραιτηθώ από μάγος, να γίνω ένας απλός άνθρωπος και να σπουδάσω για να ανακαλύψω καινούρια πράγματα».

Για να παραιτηθεί από μάγος, δε χρειάστηκε καν να

στείλει επιστολή στην Οργάνωση των Μάγων. Το μόνο που χρειάστηκε να κάνει ήταν να πετάξει το δισάκι του με όλα τα μαγικά του σύνεργα στο πρώτο χαντάκι που βρήκε μπροστά του. Ύστερα, προχώρησε πιο ελαφρύς και πιο χαρούμενος προς την καινούρια του ζωή.

Η περιπέτεια του Ρινάλντο

Μια μέρα ο Ρινάλντο έπεσε από το ποδήλατό του και γύρισε στο σπίτι του με ένα μεγάλο καρούμπαλο στο μέτωπο. Η θεία του με την οποία ζούσε, επειδή οι γονείς του είχαν μεταναστεύσει στη Γερμανία για να βρουν δουλειά, τρόμαξε πολύ. Ήταν μια από αυτές τις θείες που τρομάζουν με το παραμικρό.

– Ρινάλντο, παιδί μου, τι έπαθες;

– Τίποτα, θεία Ρόζα. Έπεσα από το ποδήλατο.

– Θεέ μου, τι τρομάρα ήταν αυτή!

– Αφού δε με είδες να πέφτω.

– Μα ακριβώς γι' αυτό το λέω!

– Την επόμενη φορά που θα πέσω θα σε φωνάξω.

– Ρινάλντο, άσε τ' αστεία και πες μου γιατί κουβάλησες το ποδήλατο μες στο σπίτι.

– Μες στο σπίτι; Έξω το άφησα, όπως πάντα.

– Και τότε ποιανού είναι αυτό το ποδήλατο;

Ο Ρινάλντο γυρνάει απ' την άλλη, προς τα εκεί που δείχνει το δάχτυλο της θείας, και βλέπει ένα κόκκινο ποδήλατο ακουμπισμένο στον τοίχο της κουζίνας.

– Δεν είναι δικό μου, θεία. Το δικό μου είναι πράσινο.

– Πράσινο, σωστά. Και τότε; Λες να μπήκε μόνο του μέσα;

– Μάλλον. Λες να το 'φεραν τα φαντάσματα;

– Ρινάλντο, σε παρακαλώ, μη μιλάς για φαντάσματα!

– Πάντως είναι ωραίο ποδήλατο.

Ξαφνικά η θεία Ρόζα έβγαλε μια κραυγή.

– Τι έπαθες, θεία;

– Κοίτα! Κι άλλο ποδήλατο!

– Δίκιο έχεις! Ωραίο είναι κι αυτό.

Η θεία έσφιγγε τα χέρια της όλο και πιο τρομαγμένη.

– Πώς βρέθηκαν εδώ όλα αυτά τα ποδήλατα;

– Πού να ξέρω, απάντησε ο Ρινάλντο. Μυστήριο. Λες να υπάρχει κανένα ποδήλατο και στο υπνοδωμάτιο; Κοίτα, θεία Ρόζα. Έχει κι εδώ. Τώρα έχουμε τρία. Αν συνεχίσουμε έτσι, σε λίγο το σπίτι θα γεμίσει ποδήλατα...

Ακούγοντας τη θεία να ουρλιάζει και πάλι, ο Ρινάλντο αναγκάστηκε να κλείσει τα αυτιά του.

Πράγματι, μόλις ο Ρινάλντο πρόφερε τη λέξη «ποδήλατα», το σπίτι γέμιζε ποδήλατα. Όπως διαπίστωσε η θεία Ρόζα, κοιτάζοντας γεμάτη τρόμο, μόνο στο μπάνιο υπήρχαν δώδεκα. Τα δύο, μάλιστα, ήταν μέσα στην μπανιέρα.

– Φτάνει, Ρινάλντο, φτάνει, δεν αντέχω άλλο, αναστέναξε η άμοιρη γυναίκα και σωριάστηκε σε μια καρέκλα.

– Τι πάει να πει φτάνει; Τι σχέση έχω εγώ; Δεν τα έφτιαξα εγώ. Εγώ ούτε τρίκυκλο για μωρά δεν μπορώ να φτιάξω.

Ντριν! Ντριν!

Ένα πανέμορφο τρίκυκλο εμφανίστηκε πάνω στο τραπέζι. Ήταν ολοκαίνουργιο. Φανταστείτε πως οι ρόδες του ήταν ακόμα τυλιγμένες με σελοφάν. Το κουδούνι του χτυπούσε χαρούμενα σαν να έλεγε: «Να με κι εγώ!»

– Ρινάλντο, σε παρακαλώ!

– Θεία Ρόζα, δεν πιστεύω να νομίζεις ότι εγώ φταίω για όλα αυτά;

– Ναι, παιδί μου. Θέλω να πω, δεν το πιστεύω, Ρινάλντο. Όπως και να 'χει, όμως, πρόσεχε. Μην ξαναπείς ούτε τη λέξη «ποδήλατο» ούτε τη λέξη «τρίκυκλο».

Ο Ρινάλντο έσκασε στα γέλια:

– Αν είναι έτσι, τότε ας μιλήσουμε για κάτι άλλο. Θέλεις να μιλήσουμε για ξυπνητήρια ή μήπως για φρέσκες καρύδες; Για κρέμες σοκολάτα ή για γαλότσες;

Η θεία λιποθύμησε. Όσο ο Ρινάλντο έλεγε αυτές τις λέξεις, το σπίτι πλημμύριζε από ξυπνητήρια, καρύδες, γλυκά και γαλότσες.

Τα αλλόκοτα αυτά αντικείμενα εμφανίζονταν από το πουθενά, σαν φαντάσματα.

– Θεία! Θεία Ρόζα!

– Ε; Τι συμβαίνει; Αα! φώναξε η γυναίκα μόλις συνήλθε. Ρινάλντο, ανιψιέ μου, παιδί μου. Για όνομα του Θεού, κάτσε εκεί και μη μιλάς. Αν αγαπάς τη θεία σου, κάτσε κάτω και μην κουνιέσαι. Πάω να φωνάξω τον κύριο Ντε Ματζίστρις. Αυτός κάτι παραπάνω θα ξέρει.

Ο κύριος Ντε Ματζίστρις ήταν ένας συνταξιούχος καθηγητής που έμενε απέναντι. Όποτε η θεία Ρόζα είχε κάποιο πρόβλημα, έτρεχε στον κύριο καθηγητή, εκείνος την άκουγε κι έσπευδε να τη βοηθήσει. Μόνο οι ηλικιωμένοι άνθρωποι είναι πάντα τόσο γενναιόδωροι και υπομονετικοί. Ο κύριος καθηγητής και αυτή τη φορά προθυμοποιήθηκε να τη βοηθήσει.

– Λοιπόν, νεαρέ μου, τι συμβαίνει;

– Καλησπέρα, κύριε. Δεν έχω ιδέα. Νομίζω ότι αυτό το σπίτι έχει...

Όμως, πριν προλάβει να πει τη λέξη «φαντάσματα», η θεία Ρόζα του έκλεισε με το χέρι το στόμα.

– Όχι, Ρινάλντο. Μην πεις αυτή τη λέξη! Ό,τι άλλο θες, αλλά όχι τη λέξη φαντάσματα!

– Κυρία μου, παρενέβη ο καθηγητής Ντε Ματζίστρις, δώστε μου να καταλάβω τι έγινε.

– Τι να καταλάβετε; Έπεσε από το ποδήλατο και χτύπησε το κεφάλι του. Και από τότε, κάθε φορά που λέει μια λέξη, αυτό το πράγμα, δηλαδή η λέξη...

– Προσέξτε, κύριε καθηγητά, πετάχτηκε ο Ρινάλντο. Θα πω τη λέξη «γάτα».

Νιάου, έκανε μια γάτα που εμφανίστηκε πράγματι ως διά μαγείας στην καρέκλα δίπλα στη σόμπα.

– Επ! έκανε ο καθηγητής. Χμ, καταλαβαίνω.

– Είδατε; Και οι γονείς του βρίσκονται στη Γερμανία. Με μια τέτοια αρρώστια...

– Μα τι αρρώστια και αηδίες; διαμαρτυρήθηκε ο Ρινάλντο. Εγώ το βρίσκω πολύ βολικό. Αν θέλω να φάω παγωτό φιστίκι...

Πλοφ!

Και να το παγωτό σερβιρισμένο σε ένα γυάλινο μπολ.

– Καταπληκτικό, σχολίασε ο καθηγητής, αλλά δεν έχει κουταλάκι.

– Κουταλάκι, είπε ο Ρινάλντο. Ή μάλλον, ένα παγωτό κι ένα κουταλάκι ακόμη. Έτσι θα έχει ο καθένας μας το δικό του. Θεία, εσύ θες παγωτό;

Αλλά η θεία Ρόζα δεν έδωσε καμία απάντηση. Είχε λιποθυμήσει για δεύτερη φορά.

ΠΡΩΤΟ ΤΕΛΟΣ

Ο καθηγητής Ντε Ματζίστρις, αφού έγλειψε το μπολ με το παγωτό του, ξανάρχισε την κουβέντα.

– Λοιπόν, είπε, ο Ρινάλντο μας, άγνωστο πώς, πιθανώς μετά την πτώση του από το ποδήλατο, απέκτησε μια εκπληκτική υπερδύναμη χάρη στην οποία κατασκευάζει αντικείμενα προφέροντας απλώς το όνομά τους.

– Θεέ μου! αναφώνησε η κυρία Ρόζα.

– Ναι, κυρία μου, επέμεινε ο καθηγητής. Ο Θεός, ή μάλλον ο παράδεισος, είναι εδώ.

– Πώς γίνεται αυτό;

– Πώς γίνεται; Μα είναι απλό. Με το που θα πει ο Ρινάλντο «ένα δισεκατομμύριο», θα γίνετε δισεκατομμυριούχοι. Με το που θα πει «βίλα με πισίνα», ετοιμάστε τα μαγιό σας. Με το που θα πει «αυτοκίνητο με οδηγό», δεν έχετε παρά να φύγετε. Οι γονείς του δε θα χρειάζεται πια να δουλεύουν στο εξωτερικό. Και ίσως ο Ρινάλντο να θυμηθεί το γέροντα φίλο του τον καθηγητή και να πει για χάρη του... Περίμενε, περίμενε! Μην πεις τίποτα... «Σκύλος», αυτό πρέπει να πεις. Ένα όμορφο κανίς, όχι πολύ μικρό, ούτε και πολύ μεγάλο. Θα είναι ο φίλος μου. Ξέρετε, δε μου αρέσει να μένω μόνος μου στο σπίτι...

– Ένα κανίς έτσι κι έτσι! είπε ο Ρινάλντο.

Και το κανίς γάβγισε χαρούμενο, σκαρφαλώνοντας στο παντελόνι του καθηγητή Ντε Ματζίστρις, που είχε βουρκώσει από ευγνωμοσύνη.

ΔΕΥΤΕΡΟ ΤΕΛΟΣ

Επειδή τα πολλά λόγια είναι φτώχεια, ο καθηγητής Ντε Ματζίστρις τους εξήγησε τι συνέβαινε.

– Και σας προειδοποιώ, είπε. Τσιμουδιά. Η ζωή του Ρινάλντο κινδυνεύει.

– Χριστέ μου! Γιατί;

– Είναι προφανές. Επειδή η υπερδύναμη που έχει αποκτήσει μπορεί να σας φέρει αμέτρητο πλούτο. Αν μαθευτεί, ποιος ξέρει πόσοι εγκληματίες θα προσπαθήσουν να αρπάξουν το Ρινάλντο για να εκμεταλλευτούν το χάρισμά του.

– Χριστός κι Απόστολος!

Θεία και ανιψιός ορκίστηκαν ότι θα κρατούσαν το στόμα τους κλειστό.

– Αύριο θα αποφασίσουμε πώς θα δράσουμε, είπε ο καθηγητής και έφυγε.

– Αύριο.

Πρέπει να ξέρετε ότι αυτός ο Ντε Ματζίστρις έκανε διπλή ζωή. Το πρωί ήταν ένας συνταξιούχος καθηγητής και το βράδυ αρχηγός μιας συμμορίας που λήστευε τράπεζες σε όλη την Ευρώπη. Ο Ντε Ματζίστρις τηλεφώνησε στους ανθρώπους του, τους έβαλε να απαγάγουν το Ρινάλντο και αυτοί τον ανάγκασαν να λέει συνεχώς τη λέξη «χρυσάφι», μέχρι που γέμισαν δέκα νταλίκες. Στη συνέχεια, ανέβηκε στην πρώτη νταλίκα, κόρναρε κι έφυγε μακριά. Κανείς δεν τον ξαναείδε από τότε. Στο μεταξύ, ο Ρινάλντο είχε κουραστεί τόσο πολύ επαναλαμβάνοντας τη λέξη «χρυσάφι», που δεν του 'βγαινε πια η φωνή.

Όταν ξαναβρήκε τη λαλιά του, το χάρισμά του είχε εξαφανιστεί.

ΤΡΙΤΟ ΤΕΛΟΣ

Μόλις ο Ρινάλντο έφαγε το παγωτό του, ζήτησε κι άλλο. Το είπε, όμως, τόσο γρήγορα, που το παγωτό, αντί να κατέβει μαλακά μαλακά στο τραπέζι, του έπεσε στο κεφάλι. Μικρό το κακό, θα πείτε. Ένα παγωτό ήταν. Μόνο που το παγωτό ήταν μέσα σε ένα γυάλινο μπολ. Και το γυάλινο μπολ χτύπησε το Ρινάλντο στο καρούμπαλο που είχε βγάλει πέφτοντας από το ποδήλατο. Όμως, το χτύπημα αυτό ήταν μοιραίο. Από εκείνη τη στιγμή, ο Ρινάλντο πάσχιζε μάταια να αναφέρει ένα σωρό αντικείμενα. Τίποτα δεν εμφανιζόταν μπροστά του: ούτε ένα αυτοκίνητο ούτε μια τόση δα βραστή πατάτα.

Το δαχτυλίδι του βοσκού

Μια φορά κι έναν καιρό, ήταν ένας βοσκός που έβοσκε το κοπάδι του στις εξοχές, στα περίχωρα της Ρώμης. Το βράδυ, οδηγούσε τα πρόβατα στο μαντρί, έτρωγε λίγο ψωμοτύρι, ξάπλωνε στα άχυρα και κοιμόταν. Την ημέρα, είτε είχε ήλιο ή αέρα, είτε βροχή ή χαλάζι, εκείνος ήταν πάντα έξω με τα πρόβατα και το σκυλί του. Για μήνες ολόκληρους μακριά από το σπίτι του, πάντα μόνος. Δύσκολη η ζωή του βοσκού.

Μια νύχτα, ενώ ετοιμαζόταν να ξαπλώσει, άκουσε μια φωνή.

– Βοσκέ! Βοσκέ!

– Ποιος είναι; Ποιος με ζητάει;

– Φίλοι, βοσκέ, φίλοι.

– Η αλήθεια είναι ότι, εκτός από το σκύλο μου, δεν έχω πολλούς φίλους. Ποιοι είστε;

– Ένας περαστικός είμαι, βοσκέ. Περπατούσα όλη μέρα και αύριο έχω πάλι πολύ δρόμο μπροστά μου. Λεφτά για να πάρω το τρένο δεν έχω και είμαι και νηστικός. Σκέφτηκα μήπως εσύ, ίσως...

– Ελάτε, καθίστε. Δεν έχω παρά μόνο ψωμί και τυρί. Κι αν θέλετε να δροσιστείτε, υπάρχει μπόλικο γάλα. Πάρτε ό,τι θέλετε.

– Σ' ευχαριστώ. Είσαι πολύ γενναιόδωρος. Νόστιμο το τυρί σου. Εσύ το έφτιαξες;

– Με τα χεράκια μου. Το ψωμί είναι λίγο μπαγιάτικο. Αύριο θα μου φέρουν φρέσκο. Αν ερχόσασταν αύριο βράδυ...

– Μην ανησυχείς. Μια χαρά είναι το ψωμί. Όταν πεινάς, καλύτερα να το τρως μπαγιάτικο και σήμερα παρά φρέσκο και αύριο.

– Βλέπω ότι ξέρετε από πείνα.

Ο οδοιπόρος έφαγε και ήπιε. Ύστερα, ο βοσκός του έδωσε τα μισά του άχυρα για να ξεκουραστεί. Το πρωί, με το πρώτο φως της αυγής, σηκώθηκαν και οι δύο μαζί.

– Σ' ευχαριστώ και πάλι, βοσκέ.

– Σωπάτε, καλέ. Δυο άχυρα ήταν όλα κι όλα...

– Εγώ, πάντως, κοιμήθηκα καλύτερα απ' ό,τι σε κρεβάτι με δώδεκα στρώματα.

– Βλέπω ότι ξέρετε κι από σκληρά κρεβάτια.

– Κοιμήθηκα τόσο καλά, που θέλω να σου δώσω ένα μικρό ενθύμιο, συνέχισε ο οδοιπόρος.

– Ενθύμιο; Μα αυτό... αυτό είναι ένα δαχτυλίδι...

– Είναι ένα ασήμαντο μικρό σιδερένιο δαχτυλίδι. Ένα μικρό ενθύμιο, όπως σου είπα. Πρόσεξε, όμως, μην το χάσεις.

– Δε θα το χάσω.

– Μπορεί να σου φανεί χρήσιμο.

– Για να το λέτε εσείς...

Αποχαιρετίστηκαν. Ο βοσκός έβαλε στην τσέπη του το δαχτυλίδι κι έπειτα το ξέχασε.

Εκείνη τη νύχτα, εμφανίστηκαν ξαφνικά δυο ληστές στο μαντρί του, οπλισμένοι ως τα δόντια, σαν αυτούς που κάποτε τριγυρνούσαν σ' εκείνα τα μέρη.

– Σφάξε ένα πρόβατο και ψήσ' το στη σούβλα, πρόσταξαν το βοσκό.

Άντε να φέρεις αντίσταση σε κάτι τέτοιους τύπους.

– Μην το κάνεις λύσσα, ούτε και ανάλατο.

Ο βοσκός αλάτισε το κρέας δίχως να πει κουβέντα.

Πάλι καλά που τους άρεσε το φαγητό. Και μάλιστα, αυτός ο ληστής που μιλούσε, έδινε προσταγές και είχε ύφος αρχηγού του είπε κάποια στιγμή:

– Δεν ξέρω αν είσαι καλός βοσκός, αλλά στη μαγειρική σκίζεις.

– Έκανα ό,τι μπορούσα...

– Σωστά. Άλλωστε τι μπορούσες να κάνεις; Να μαγειρέψεις. Και μαγείρεψες. Κι εμείς τι μπορούμε να κάνουμε; Να φάμε. Και τρώμε. Τα υπόλοιπα θα γίνουν με τη σειρά τους.

– Τα υπόλοιπα; Δεν καταλαβαίνω.

– Θα καταλάβεις, βοσκέ, θα καταλάβεις. Η ατυχία σου είναι ότι μας βρήκες μπροστά σου.

– Δεν είναι και καμιά φοβερή ατυχία, απάντησε ο βοσκός, σαν να τους έλεγε: «Πώς κάνετε έτσι; Δεν είστε πια και τόσο κακοί».

Και τότε ο ληστής του εξήγησε ποια ήταν αυτή η ατυχία.

– Αγαπητέ μου, αν γυρίσεις στο χωριό και μιλήσεις για μας, θα έχουμε άσχημα ξεμπερδέματα. Μπορεί να πας στους χωροφύλακες και να μας περιγράψεις: ο ένας είναι γέρος και τυφλός απ' το ένα μάτι και ο άλλος πιο νέος, με μια κρεατοελιά στη μύτη...

– Μα αφού δεν έχει κρεατοελιά.

– Που λέει ο λόγος. Το θέμα είναι ότι εμείς σε θεωρούμε επικίνδυνο. Μη φοβάσαι, όμως. Θα σου φτιάξουμε έναν ωραίο τάφο, θα σου φυτέψουμε και λουλουδάκια...

– Τάφο; Τι... τι θα μου κάνετε;

– Δε νομίζω να θέλεις να σε θάψουμε ζωντανό, σωστά;

– Θα με σκοτώσετε!

– Τελικά, δεν παίρνεις γρήγορα στροφές, βοσκέ. Πρέπει να το κάνουμε. Αναγκαστικά. Άλλωστε, δε θα μας πάρει πολύ. Ένα λεπτό μόνο, ένα λεπτάκι. Πιο κουραστικό είναι να δουλεύει κανείς παρά να πεθάνει. Είναι υπόθεση... Έι, ψιτ, βοσκέ... Έι, σου λέω! Πού κρύφτηκες; Βοσκέ! Ξύπνα, σύντροφε. Εσύ ψάξ' τον από κει, κι εγώ από δω. Βοσκέ, βγες έξω. Μια πλάκα σου κάναμε. Κανείς δε θέλει να σε σκοτώσει. Σταμάτα να μας παίζεις κρυφτούλι... Βοσκέ!

Θέλετε να μάθετε τι έγινε τελικά; Ε λοιπόν, ο βοσκός μας, ενώ άκουγε τις απειλές των ληστών, έβαλε το χέρι του στην τσέπη και εντελώς ασυναίσθητα έπιασε το σιδερένιο δαχτυλίδι. Την ίδια στιγμή κιόλας έγινε αόρατος. Καθόταν εκεί, μπροστά στη φωτιά, μόνο που οι ληστές δεν τον έβλεπαν. Τον έψαχναν, τον φώναζαν με τα όπλα στα χέρια, έτοιμοι να τον σκοτώσουν. Κι εκείνος καθόταν ακίνητος. Φοβόταν πολύ να κάνει και την παραμικρή κίνηση. Φοβόταν ακόμη και να αναπνεύσει.

ΠΡΩΤΟ ΤΕΛΟΣ

Στο τέλος οι ληστές κουράστηκαν να ψάχνουν το βοσκό και πήραν το δρόμο για τα βουνά της Τόλφα, όπου βρισκόταν το καταφύγιό τους. Ο βοσκός άφησε το σκύλο του να φυλάει το κοπάδι του και τους ακολούθησε, προσέχοντας να μην κάνει θόρυβο. Πού και πού, όλο και κάποιο ξερό φύλλο έτριζε κάτω από τα παπούτσια του και όλο και κάποια πετρούλα πεταγόταν στο μονοπάτι. Οι ληστές κοντοστέκονταν, κοιτούσαν τριγύρω ανήσυχοι, αλλά, αφού δεν έβλεπαν τίποτα και κανέναν, ξανάπαιρναν το δρόμο τους αναστενάζοντας.

– Τι παράξενο, μουρμούρισε ο αρχιληστής. Έχω συνέχεια την εντύπωση ότι κάποιος μας ακολουθεί.

Ο άλλος ληστής έγνεψε ναι με το κεφάλι.

– Κι όμως, δε βλέπω κανέναν, πρόσθεσε ο αρχιληστής.

Και ο άλλος ληστής, με το κεφάλι, έγνεψε όχι. Ο κανόνας έλεγε πως στον αρχηγό δε φέρνουμε ποτέ αντίρρηση.

Ο βοσκός τους ακολούθησε στο δάσος, τους ακολούθησε και στο βουνό, ώσπου έφτασε στη σπηλιά τους. Εκεί τους περίμενε η υπόλοιπη συμμορία. Χώθηκε αμέσως ανάμεσά τους για να ακούει τις κουβέντες τους. Ήταν τόσο κοντά τους, που παραλίγο να έπεφταν πάνω του. Όποτε, όμως, τον πλησίαζε κάποιο χέρι, εκείνος τραβιόταν. Κάποια στιγμή, οι ληστές σηκώθηκαν, πήραν τα όπλα τους και βγήκαν όλοι μαζί για να επιτεθούν σε ένα τρένο. Ο βοσκός, που είχε μείνει μόνος του, εξερεύνησε τη σπηλιά, σήκωσε κάθε πέτρα, κοίταξε κάτω από τα αχυροστρώματά τους και τελικά, μέσα σε μια τρύπα σκεπασμένη με το τομάρι ενός λύκου, βρήκε αυτό που έψαχνε. Ήταν ο θησαυρός τους, η λεία τους: χρυσάφια, κοσμήματα και πολλά νομίσματα. Γέμισε το δισάκι του κι έπειτα άπλωσε στο έδαφος την κάπα του και τη γέμισε κι αυτή. Στο δρόμο της επιστροφής, περπατούσε καμπουριασμένος από το βάρος που κουβαλούσε. Μη νομίζετε όμως ότι επέστρεψε στο μαντρί του, στα πρόβατα και στο σκύλο του. Τι να το κάνει το ένα κοπάδι τώρα που είχε γίνει πλούσιος και που, αν ήθελε, μπορούσε να αγοράσει άλλα εκατό; Κι έτσι πήρε το δρόμο για την πόλη. Και καθώς περπατούσε, τραγουδούσε από μέσα του: «Όμορφη Ρώμη, πάρε με αγκαλιά/είμαι πιο πλούσιος κι από βασιλιά».

ΔΕΥΤΕΡΟ ΤΕΛΟΣ

Οι ληστές, που είχαν βαρεθεί πια να τον ψάχνουν, πήραν το δρόμο του γυρισμού. Τότε ο βοσκός μας φίλησε το δαχτυλίδι που τον είχε σώσει. Την ίδια στιγμή, όμως, χάρη σ' αυτό το φιλί, ξανάγινε ορατός. Το κατάλαβε βλέποντας το μισοκοιμισμένο σκύλο του να πετάγεται γαβγίζοντας χαρούμενος.

– Μπράβο σου, του είπε. Καταλαβαίνεις πόσο τυχεροί είμαστε; Ε ναι, φίλε μου. Φτάνει πια μ' αυτή την κουραστική ζωή. Ήρθε η ώρα να πούμε αντίο σ' αυτά τα βαρετά πρόβατα. Ξέρεις τι σκέφτηκα; Σκέφτηκα να γίνω ντέτεκτιβ, ιδιωτικός αστυνομικός. Τώρα που μπορώ να γίνομαι αόρατος, θα κάνω ένα σωρό έρευνες χωρίς να με παίρνει κανείς είδηση. Θα μπαινοβγαίνω στα σπίτια των κακοποιών, θα μαζεύω στοιχεία, θα βγάζω φωτογραφίες, και τα λοιπά. Θα κατατροπώσω όλους τους πονηρούς κλέφτες. Θα συντρίψω ληστές και παρανόμους. Και θα γίνω διάσημος στην Ιταλία και στην Ελβετία. Μπορεί και στην Αγγλία.

Κι έτσι έγινε. Λίγους μήνες μετά, οι εφημερίδες της μισής Ευρώπης μιλούσαν μόνο για τα κατορθώματα του «βασιλιά των ντέτεκτιβ» – έτσι τον είχαν βαφτίσει. Ο ίδιος, πάντως, είχε διαλέξει το παρατσούκλι Δόκτωρ Αόρατος.

ΤΡΙΤΟ ΤΕΛΟΣ

Ο βοσκός χάρηκε πολύ με την τύχη του.

– Ευλογημένο να 'ναι τούτο το δαχτυλίδι και αυτός που μου το 'δωσε, είπε.

Από εκείνη τη στιγμή, όμως, ήταν συνεχώς σε αναμμένα κάρβουνα από το φόβο του μην το χάσει.

«Δεν μπορώ να το έχω στην τσέπη μου», σκεφτόταν. «Μπορεί να μου πέσει κάποια στιγμή που θα βγάζω το μαντίλι μου και τότε αντίο. Ούτε και στο δάχτυλο μπορώ να το φορέσω, γιατί, αν το δει κανείς, μπορεί να μου το κλέψει. Θα το κρύψω... Πού όμως; Να, στη σχισμή που υπάρχει κάτω από εκείνο το λουλούδι».

Κι έτσι έκανε. Ύστερα, πήγε να βοσκήσει το κοπάδι

του και όλη την ώρα φανταζόταν τι θα έκανε με το μαγικό του δαχτυλίδι. Τι ωραία όνειρα που έκανε! Μόνο που όνειρα έμειναν, γιατί στο μεταξύ το δαχτυλίδι το βρήκε μια καρακάξα και το κουβάλησε στη φωλιά της, άγνωστο πού ακριβώς. Κι έτσι, αντί για τον αόρατο βοσκό, τώρα το μόνο που υπήρχε ήταν ένα αόρατο και άφαντο δαχτυλίδι.

Ταξί για τ' άστρα

Μια βραδιά, ο ταξιτζής Πεπίνο Κομπανιόνι, από το Μιλάνο, αφού τελείωσε τη βάρδια του, οδηγούσε αργά αργά για να πάει το ταξί του στο γκαράζ. Δεν ήταν και πολύ χαρούμενος. Εκείνη την ημέρα είχε πάρει λίγες κούρσες και είχε να κάνει με αρκετούς δύστροπους πελάτες. Ανάμεσα σ' αυτούς ήταν και μια κυρία που τον έστησε σαράντα λεπτά έξω από ένα μαγαζί. Και σαν να μην έφτανε αυτό, του έκοψε κλήση και η τροχαία. Έτσι, καθώς επέστρεφε σπίτι του, είχε το νου του στους περαστικούς. Και πράγματι, να που ένας κύριος του έκανε νόημα να σταματήσει.

– Ταξί, ταξί!

– Ελάτε, κύριε, είπε φρενάροντας ο Πεπίνο Κομπανιόνι. Κοιτάξτε, όμως, επειδή σχολάω, πηγαίνω προς την Πόρτα Γένοβα, σας βολεύει;

– Πηγαίνετε όπου θέλετε, αλλά κάντε γρήγορα.

– Όπου θέλετε εσείς θα πάμε, αρκεί να μη βγω από το δρόμο μου.

– Φύγετε! Βάλτε μπροστά και προχωρήστε!

– Εντάξει, κύριε.

Ο Πεπίνο Κομπανιόνι πάτησε το γκάζι και όπου φύγει φύγει.

Στο μεταξύ, κοιτούσε από τον καθρέφτη τον πελάτη του. Τι τύπος κι αυτός. Άκου «πηγαίνετε όπου θέλετε, προχωρήστε»... Το πρόσωπό του δε φαινόταν καθαρά· ήταν μισοκρυμμένο ανάμεσα στο γιακά του παλτού του και στο καπέλο του. «Αμάν», σκέφτηκε ο Πεπίνο. «Λες να είναι κανένας κλέφτης; Για να δω αν τρέχει κανείς πίσω μας... Μάλλον όχι. Δεν έχει ούτε βαλίτσα ούτε τσάντα. Μόνο ένα πακέτο. Να, τώρα το ανοίγει. Ποιος ξέρει τι να έχει μέσα... Τι πράγμα είναι αυτό; Μοιάζει με σοκολάτα. Σωστά. Μπλε σοκολάτα. Από πού κι ως πού η σοκολάτα είναι μπλε; Κοίτα να δεις που την τρώει... Ο καθένας με τα γούστα του. Άντε, Πεπίνο, σχεδόν φτάσαμε...»

– Έι... Μα... Μα... Τι είναι αυτό; Τι γίνεται εδώ; Τι κάνετε;

– Μην ανησυχείτε, απάντησε κοφτά ο πελάτης. Προχωρήστε μπροστά.

– Τι μπροστά και κουραφέξαλα! Εδώ δεν πάμε ούτε μπροστά ούτε πίσω. Δε βλέπετε ότι πετάμε; Βοήθεια!

Ο Πεπίνο Κομπανιόνι έστριψε το τιμόνι για να μην πέσει πάνω στις κεραίες στην κορυφή ενός ουρανοξύστη κι έπειτα άρχισε να διαμαρτύρεται.

– Τι πάτε να κάνετε; Τι είναι αυτά τα μαγικά κόλπα;

– Μη φοβάστε. Δε θα πάθετε τίποτα.

– Ναι, καλά. Τίποτα το λέτε εσείς αυτό; Τι πιο φυσιολογικό από ένα ταξί που πετάει; Μα τις χίλιες φάλαινες, είμαστε πάνω από τον καθεδρικό του Μιλάνου. Αν πέσουμε, θα μας τρυπήσει κανένα καμπαναριό και τότε έχε γεια, καημένε κόσμε. Πλάκα μου κάνετε;

– Θα 'πρεπε να καταλάβετε από μόνος σας ότι δε σας κάνω καμία πλάκα, απάντησε ο πελάτης. Απλώς πετάμε. Πού είναι το περίεργο;

– Πού είναι το περίεργο; Το ταξί μου δεν είναι πύραυλος!

– Αυτή τη στιγμή, όμως, είναι ένα διαστημικό ταξί.

– Διαστημικό; Μα τι λέτε; Αφήστε που δεν έχω δίπλωμα πιλότου. Θα φάω κλήση εξαιτίας σας. Και για εξηγήστε μου κάτι. Από πού κι ως πού πετάμε;

– Είναι απλούστατο. Βλέπετε αυτή την μπλε ουσία;

– Την είδα πριν, και μάλιστα φάγατε ένα κομμάτι.

– Ναι, πρέπει να καταπίνεις ένα κομμάτι για να μπει σε λειτουργία. Είναι ένας αντιβαρυτικός κινητήρας που θα μας βοηθήσει να αγγίξουμε την ταχύτητα του φωτός, συν ένα μέτρο.

– Τι ωραία που τα λέτε. Εγώ τώρα, όμως, πρέπει να πηγαίνω σπίτι μου, κύριε αποτέτοιε μου. Το σπίτι μου βρίσκεται στην Πόρτα Γένοβα κι όχι στο Φεγγάρι.

– Μα δεν πηγαίνουμε στο Φεγγάρι.

– Α, ναι; Και πού πηγαίνουμε, παρακαλώ;

– Στον έβδομο πλανήτη του άστρου Αλδεβαράν. Εκεί μένω.

– Χαίρω πολύ, αλλά εγώ μένω στη Γη.

– Να σας εξηγήσω πώς έχουν τα πράγματα. Εγώ δεν είμαι γήινος. Είμαι Αλδεβαριανός. Κοιτάξτε.

– Πού να κοιτάξω;

– Βλέπετε εδώ το τρίτο μου μάτι;

– Μα τις χίλιες φάλαινες, έχετε τρία μάτια.

– Κοιτάξτε τα χέρια μου. Πόσα δάχτυλα έχω;

– Ένα, δύο, τρία... έξι... δώδεκα. Δώδεκα δάχτυλα σε κάθε χέρι;

– Δώδεκα. Σας έπεισα τώρα; Ήμουν σε αποστολή στη Γη, για να δω πώς είναι τα πράγματα εκεί κάτω, και τώρα επιστρέφω στον πλανήτη μου για να τους δώσω αναφορά.

– Μπράβο που κάνετε το καθήκον σας. Ο καθένας σπίτι του. Εγώ όμως; Πώς θα γυρίσω σπίτι μου εγώ;

– Θα σας δώσω ένα κομματάκι από αυτό που μασάω και σε ένα λεπτό θα είστε στο Μιλάνο.

– Και τι το θέλατε το ταξί;

– Ήθελα να ταξιδέψω καθιστός. Είστε ευχαριστημένος τώρα; Κοιτάξτε, πλησιάζουμε.

– Αυτή η μπάλα εκεί είναι ο πλανήτης σας;

«Αυτή η μπάλα εκεί», μέσα σε λίγα δευτερόλεπτα, μεταμορφώθηκε σε μια τεράστια σφαίρα και το ταξί του Πεπίνο Κομπανιόνι κατέβαινε προς την επιφάνειά της με εντυπωσιακή ταχύτητα.

– Εκεί, στα αριστερά, είπε ο πελάτης. Θα προσγειωθούμε σ' εκείνη την πλατεία.

– Πάλι καλά που εσείς βλέπετε μια πλατεία, γιατί εγώ το μόνο που βλέπω είναι ένα λιβάδι.

– Ο πλανήτης μου δεν έχει λιβάδια.

– Ε τότε είναι μια πλατεία βαμμένη πράσινη.

– Χμ... κατεβείτε λίγο... κατεβείτε... έτσι. Φτάσαμε στο Αλδεβαράν.

– Τι σας έλεγα; Σιγά μη δεν είναι χορτάρι αυτό! Κι αυτά εκεί τι είναι;

– Για τι πράγμα μιλάτε;

– Για εκείνες τις γιγάντιες κότες που τρέχουν καταπάνω μας με το τόξο και τα βέλη.

– Τόξο; Βέλη; Γιγάντιες κότες; Δεν υπάρχει κάτι τέτοιο στον πλανήτη μου!

– Α, μπα! Να σας πω κάτι;

– Το ξέρω ήδη. Πήραμε λάθος δρόμο. Δώστε μου ένα λεπτό να σκεφτώ.

– Σκεφτείτε, όμως, γρήγορα, γιατί αυτοί οι τύποι πλησιάζουν. *Ζιιπ!* Τ' ακούσατε αυτό; Βέλος ήταν! Άντε, κύριε Αλδεβαριανέ, ξυπνήστε και φάτε την μπλε σοκολάτα σας. Ώρα να φεύγουμε από δω πέρα, να στρίβουμε, να παίρνουμε δρόμο. Ο Πεπίνο Κομπανιόνι θέλει να φτάσει σώος και αβλαβής στο Μιλάνο, συνεννοηθήκαμε;

Ο Αλδεβαριανός άρχισε να μασουλάει γρήγορα γρήγορα τη μυστηριώδη ουσία που ο Πεπίνο Κομπανιόνι αποκαλούσε «μπλε σοκολάτα».

– Καταπιείτε τη! Καταπιείτε τη χωρίς να τη μασήσετε, για να προλάβουμε! φώναξε ο ταξιτζής.

ΠΡΩΤΟ ΤΕΛΟΣ

Το ταξί ίσα ίσα που πρόλαβε να απογειωθεί, όμως ένα βέλος βρήκε ένα από τα πίσω λάστιχα, που ξεφούσκωσε με ένα μακρόσυρτο ΠΙΙΙΙΙΦΦΦ!

– Τ' ακούσατε; Έσκασε, αναφώνησε ο Πεπίνο Κομπανιόνι. Αυτό θα το βάλω στο λογαριασμό σας.

– Θα πληρώσω, θα πληρώσω, απάντησε ο Αλδεβαριανός.

– Υπολογίσατε σωστά τώρα ή θα βρεθούμε πάλι σε κανέναν άλλο πλανήτη με αγρίους;

Δυστυχώς, από τη βιασύνη του, ο Αλδεβαριανός δεν υπολόγισε σωστά τη δόση της σοκολάτας. Το διαστημικό ταξί πήγαινε πέρα δώθε στο γαλαξία, ώσπου κατάφερε να εντοπίσει τον πλανήτη Αλδεβαράν. Όταν έφτασαν, όμως, ήταν τόσο όμορφος, οι κάτοικοί του τόσο ευγενικοί και το μπλε πιλάφι – σπεσιαλιτέ του πλανήτη – τόσο νόστιμο, που ο Πεπίνο Κομπανιόνι δε βιαζόταν πια να επιστρέψει στο Μιλάνο. Έμεινε δεκαπέντε μέρες, με τη μία έκπληξη να διαδέχεται την άλλη. Κρατούσε σημειώσεις για τα πάντα, κι όταν επέστρεψε στη Γη, έγραψε ένα βιβλίο και το εικονογράφησε με διακόσιες φωτογραφίες. Χάρη στο βιβλίο αυτό, που μεταφράστηκε σε ενενήντα επτά γλώσσες, κέρδισε το βραβείο Νόμπελ. Σήμερα ο Πεπίνο Κομπανιόνι είναι ο πιο διάσημος ταξιτζής-συγγραφέας-εξερευνητής του ηλιακού συστήματος.

ΔΕΥΤΕΡΟ ΤΕΛΟΣ

Το ταξί απογειώθηκε και, επειδή ήταν πιο γρήγορο από τα βέλη που το κυνηγούσαν, πολύ σύντομα ξέφυγε από τον κίνδυνο.

– Απ' ό,τι φαίνεται, δεν το γνωρίζατε και τόσο καλά το διάστημα ούτε εσείς, ε; παρατήρησε ο Πεπίνο.

– Εσείς έχετε το νου σας στο τιμόνι και τα υπόλοιπα θα τα φροντίσω εγώ, μουρμούρισε ο Αλδεβαριανός.

– Μπράβο, αλλά να τα φροντίσετε σωστά.

Πέταξαν για μερικά λεπτά με την ταχύτητα του φωτός – συν ένα μέτρο –, διασχίζοντας ανυπολόγιστες αποστάσεις. Και στο τέλος του ταξιδιού τους βρέθηκαν... στο Μιλάνο, στην πλατεία του καθεδρικού ναού!

– Ανάθεμα, πάλι λάθος έκανα! φώναζε ο Αλδεβαριανός, τραβώντας τα μαλλιά του με τα είκοσι τέσσερα δάχτυλά του. Πάμε πίσω!

– Να μου λείπει, αναφώνησε ο ταξιτζής πηδώντας στο

έδαφος. Μια χαρά είμαι εδώ. Αν θέλετε, κρατήστε το αμάξι. Πρώτα, όμως, σκεφτείτε καλά πριν μου κάνετε αυτό το κακό. Το μόνο πράγμα που έχω για να θρέψω τα παιδιά μου είναι αυτές οι τέσσερις ρόδες.

– Τι να κάνω; μουρμούρισε ο Αλδεβαριανός. Θα πάω με τα πόδια.

Κατέβηκε από το αυτοκίνητο, μασούλησε την «μπλε σοκολάτα» του και εξαφανίστηκε. Ο Πεπίνο Κομπανιόνι, πριν επιστρέψει σπίτι του, μπήκε σ' ένα μπαρ και ήπιε ένα ποτηράκι ουίσκι για να του περάσει η τρομάρα.

ΤΡΙΤΟ ΤΕΛΟΣ

Θα μας πάρει ώρα αυτή η ιστορία, γι' αυτό θα σας την πω επιγραμματικά. Οι γιγάντιες κότες φυλακίζουν τον ταξιτζή και τον Αλδεβαριανό. Η φυλακή είναι ένα αυγό. Το σκάνε με το αυγό. Ο Αλδεβαριανός προσγειώνεται στον πλανήτη του. Ο Πεπίνο Κομπανιόνι επιστρέφει στο Μιλάνο με το ιπτάμενο αυγό και με προμήθειες μπλε σοκολάτας. Ανοίγει ένα πρακτορείο διαστημικών ταξιδιών, εγκαινιάζει τη γραμμή ταξί Γη-Άρης-Κρόνος μετ' επιστροφής και φτιάχνει ένα ορνιθοτροφείο με κάτι κότες που γεννάνε μικροσκοπικά αυγά τα οποία κάνουν αξεπέραστη ομελέτα.

Η ασθένεια του Τίνο

Μια φορά κι έναν καιρό, ήταν ένας λογιστής. Τον έλεγαν κύριο Μπιάνκι και δούλευε σε μια τράπεζα. Ήταν παντρεμένος με την κυρία Ρόζα και είχαν ένα μωρό μερικών μηνών. Ένα όμορφο μωράκι, με ζωηρά έξυπνα μάτια και πυκνά μαύρα μαλλάκια. Με λίγα λόγια, ένα όμορφο μωρό.

Το έλεγαν Τζοβάνι Μπατίστα, αλλά επειδή ήταν πολύ μεγάλο όνομα για ένα τόσο μικρό παιδάκι, οι γονείς του το φώναζαν Τίνο.

Μετά τα πρώτα του γενέθλια, σειρά είχαν τα δεύτερα. Πριν κλείσει, όμως, τα τρία του, ο Τίνο εκδήλωσε τα πρώτα συμπτώματα, τα πρώτα σημάδια, μιας πολύ ασυνήθιστης ασθένειας.

Μια μέρα, η κυρία Ρόζα, επιστρέφοντας από τα ψώνια της, τον είδε κουρνιασμένο στο χαλί να παίζει μελαγχολικά με ένα λαστιχένιο αλογάκι. Ξαφνικά η καρδιά της ράγισε... Ο Τίνο τής φάνηκε πολύ πολύ μικρός, *πιο μικρός απ' ό,τι τον είχε αφήσει όταν βγήκε έξω*... Έτρεξε προς το μέρος του, τον πήρε αγκαλιά, επαναλαμβάνοντας το όνομά του, και τον χάιδεψε... Για καλή της τύχη, είχε κάνει λάθος. Ο Τίνο ήταν ίδιος και απαράλλαχτος. Το βάρος του δεν είχε αλλάξει, ούτε και το ύψος του. Ούτε καν η ζωηράδα του, αφού και πάλι εκτόξευε το λαστιχένιο του αλογάκι με δύναμη στο πάτωμα.

Μια άλλη μέρα, ο κύριος Μπιάνκι και η κυρία Ρόζα άφησαν τον Τίνο για ένα λεπτό μόνο του στο σαλόνι. Μόλις επέστρεψαν, και οι δυο έβγαλαν την ίδια κραυγή.

– Τίνο!

– Τίνο!

Το παιδί σήκωσε το βλέμμα, χαμογέλασε... Η κυρία Ρόζα αναστέναξε ανακουφισμένη!

– Χριστέ μου, τι τρομάρα ήταν αυτή!

– Εμένα μου λες!

– Για μια στιγμή νόμιζα ότι να... είχε γίνει πιο αδύνατος, *πιο μικρός*...

– Εμένα για μια στιγμή μου φάνηκε μικρός σαν κούκλα.

– Μα τι έχουμε πάθει;

– Παράξενο που και οι δυο μας...

– Ξέρεις, εμένα μου έχει ξανασυμβεί. Μια φορά που γύριζα από τα ψώνια, τον είδα εκεί σε μια γωνίτσα, τόσο μικρό, μικροσκοπικό...

Εκείνη τη μέρα, ο κύριος Μπιάνκι και η κυρία Ρόζα ηρέμησαν. Ύστερα, όμως, συνέβη το ίδιο κι άλλη μία φορά, κι άλλη μία...

Όπως ήταν λογικό, αποφάσισαν να πάνε στο γιατρό. Ο γιατρός εξέτασε τον Τίνο, τον μέτρησε, τον ζύγισε, άκουσε την καρδιά του, του είπε να βήξει, κοίταξε το λαιμό του με ένα κουτάλι και είπε:

– Μια χαρά μου φαίνεται το παιδί. Υγιές, δυνατό. Κανένα πρόβλημα.

– Και τότε, γιατρέ...

– Τότε, τότε... Ας κάνουμε μια δοκιμή. Θα βγούμε και οι τρεις έξω, θα τον αφήσουμε μόνο του για ένα λεπτό και θα δούμε τι συμβαίνει.

Βγήκαν από το ιατρείο κι έστησαν αυτί πίσω από την πόρτα. Κανένας θόρυβος. Ο Τίνο ούτε έκλαιγε ούτε κουνιόταν. Δεν έδειχνε κανένα σημάδι ότι βρισκόταν ακόμα εκεί μέσα.

Όταν ξαναμπήκαν, και οι τρεις αντίκρισαν το ίδιο θέαμα: είδαν ότι ο Τίνο είχε γίνει μικρός, μα πάρα πάρα πολύ μικρός... Αυτό, όμως, κράτησε μόνο μερικά δευτερόλεπτα. Μόλις ξανάδε τον μπαμπά, τη μαμά και το γιατρό, αμέσως έγινε ο Τίνο που ήξεραν όλοι. Ένα ωραίο, υγιές, δυνατό παιδί, και μάλιστα ψηλό για την ηλικία του.

– Κατάλαβα, κατάλαβα, είπε ο γιατρός. Δεν είναι αρρώστια αυτό που έχει. Είναι, όμως, κάτι πολύ σπάνιο. Έχει συμβεί άλλη μια φορά στην Αμερική, πριν από εκατό χρόνια...

– Και τι είναι αυτό; ρώτησε ο κύριος Μπιάνκι.

– Είναι σοβαρό; πετάχτηκε η κυρία Ρόζα.

– Όχι, δε θα το 'λεγα. Είναι κάτι τέτοιο, μουρμούρισε ο γιατρός.

– Κάτι τι;

– Πείτε μας, γιατρέ. Μη μας κρατάτε σε αγωνία...

– Ηρεμήστε, ηρεμήστε, απάντησε ο γιατρός. Δεν υπάρχει λόγος να ανησυχείτε. Το παιδί αυτό δεν πρέπει

να μένει μόνο του. *Όταν μένει μόνο του, μικραίνει.* Αυτό είναι όλο κι όλο. Χρειάζεται παρέα.

– Μα εμείς δεν το αφήνουμε ποτέ μόνο του.

– Σχεδόν ποτέ...

– Ναι, ναι, αλλά δεν εννοώ αυτό. Το παιδί έχει ανάγκη από παιδιά της ηλικίας του, καταλαβαίνετε τι εννοώ; Χρειάζεται ένα αδελφάκι, φίλους. Πρέπει να το στείλετε σχολείο, να έχει παρέα όταν παίζει. Καταλαβαίνετε τι εννοώ;

– Ναι, γιατρέ.

– Ευχαριστούμε, γιατρέ. Και θα είναι για πάντα έτσι;

– Τι εννοείτε, κυρία μου;

– Θέλω να πω, ακόμη κι όταν μεγαλώσει, θα πρέπει να είναι συνεχώς με άλλους για να μη μικραίνει;

– Αυτό θα το δούμε, είπε ο γιατρός σηκώνοντας τα χέρια ψηλά. Ακόμη κι αν είναι έτσι, όμως, πού είναι το κακό;

Ο κύριος Μπιάνκι και η κυρία Ρόζα επέστρεψαν σπίτι με το μικρό Τίνο, ή μάλλον όχι και τόσο μικρό, όπως σας είπα, και τον φρόντιζαν περισσότερο κι από πριν. Ο Τίνο απέκτησε αδελφάκι, πήγε σχολείο, μεγάλωνε σωστά, γινόταν δηλαδή ψηλός, έξυπνος, δραστήριος... Ήταν ένα καλό παιδί και όλοι τον αγαπούσαν. Δεν μπλεκόταν σε καβγάδες, και μάλιστα εκείνος συμφιλίωνε όσους τσακώνονταν. Ύστερα, έγινε έφηβος, μπήκε στο πανεπιστήμιο...

Μια φορά, όταν ήταν είκοσι χρονών, καθόταν στο δωμάτιό του και μελετούσε. Εκείνη τη φορά ήταν ολομόναχος, γιατί συνήθως διάβαζε με κάποιο φίλο του... Ο κύριος Μπιάνκι και η κυρία Ρόζα σκέφτηκαν το ίδιο πράγμα.

– Πάμε να δούμε;

– Δεν ξέρω. Έχουν περάσει τόσα χρόνια...

– Έλα, πάμε να δούμε. Θέλω να ξέρω αν ακόμα...

Και στις μύτες των ποδιών, ο ένας πίσω από τον άλλο, κοίταξαν από την κλειδαρότρυπα...

ΠΡΩΤΟ ΤΕΛΟΣ

...Αφού κοίταξαν, ο ένας έπεσε στην αγκαλιά του άλλου κι έβαλαν τα κλάματα.

– Ο κακομοίρης ο Τίνο!

– Ο άμοιρος ο γιος μας!

– Δεν έγινε καλά. Δε θα γίνει ποτέ καλά...

Ο Τίνο, πράγματι, ξαφνικά είχε γίνει και πάλι μικρός σαν παιδάκι τριών τεσσάρων ετών. Είχε ακόμα το νεανικό του πρόσωπο, φορούσε το μακρύ του παντελόνι και το πράσινο πουλόβερ του, αλλά ήταν ψηλός όσο κι ένας νάνος.

– Είναι ανώφελο, αναστέναξε ο κύριος Μπιάνκι. Δεν μπορούμε να τον αφήνουμε λεπτό μόνο του.

– Είναι ανώφελο, είπε κλαίγοντας με λυγμούς η κυρία Ρόζα. Ίσως να φταίμε εμείς. Να μην του δώσαμε αρκετές βιταμίνες.

– Τι πρέπει να κάνουμε; ρώτησαν το γιατρό από το τηλέφωνο.

– Μην ανησυχείτε, τους απάντησε ο γιατρός. Παντρέψτε τον με μια καλή κοπέλα. Έτσι θα κάνει παιδιά, που δε θα τον αφήνουν λεπτό σε ησυχία, και δε θα υπάρχει πια κανένας κίνδυνος.

– Μα βέβαια, αναφώνησε τρισευτυχισμένος ο κύριος Μπιάνκι.

– Σωστά, είπε περιχαρής η κυρία Ρόζα. Πώς δεν το σκεφτήκαμε νωρίτερα;

ΔΕΥΤΕΡΟ ΤΕΛΟΣ

...Αφού κοίταξαν, ο ένας έπεσε στην αγκαλιά του άλλου κι έκλαψαν από χαρά.

– Τι καλά!

– Τι ωραία έκπληξη ήταν αυτή!

– Έμεινε ίδιος κι απαράλλαχτος.

– Έγινε στ' αλήθεια καλά!

Πράγματι, ο Τίνο δεν είχε μικρύνει ούτε ένα εκατοστό, ούτε ένα χιλιοστό, και συνέχιζε ήρεμος τη μελέτη του, χωρίς να υποψιάζεται στο ελάχιστο το δράμα που ζούσαν οι γονείς του πίσω από την πόρτα.

Είχε τόσους φίλους πια, τόσα πράγματα που τον έδεναν με τη ζωή, τόσα σχέδια, τόσες ελπίδες και τόση όρεξη για δουλειά. Πράγματα που όλοι κουβαλάμε μέσα μας ακόμη κι όταν μένουμε μόνοι. Μόνο που μ' αυτό τον τρόπο δε νιώθουμε ποτέ στ' αλήθεια μόνοι.

ΤΡΙΤΟ ΤΕΛΟΣ

...Αφού κοίταξαν ένας ένας από την κλειδαρότρυπα, ο κύριος Μπιάνκι και η κυρία Ρόζα έμειναν εκεί με μάτια γουρλωμένα, ανήμποροι να μιλήσουν για καμιά εξηνταριά δευτερόλεπτα.

– Άλλο κι αυτό...

– Ποιος θα το φανταζόταν ότι...

– Ρόζα, φτιάξε μου ένα δυνατό καφέ, σε παρακαλώ.

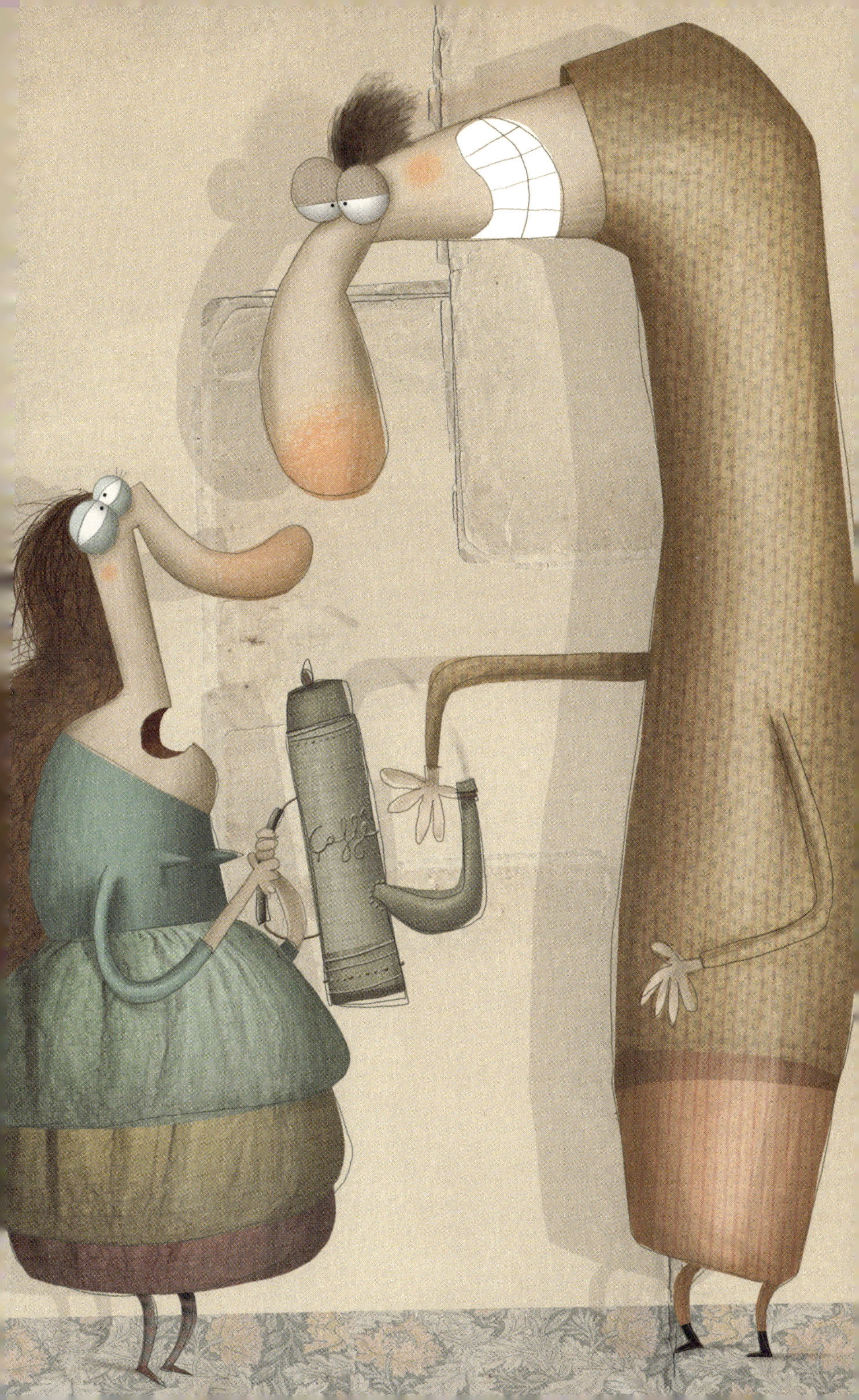
Caffè

– Ναι, ναι. Τον χρειάζομαι κι εγώ. Μα τέτοιο πράγμα...

– Πρωτοφανές...

Μα τι είχαν δει τέλος πάντων;

Είδαν τον Τίνο τους να γίνεται διπλάσιος σε ύψος. Έπρεπε να καμπουριάζει για να μη χτυπάει το κεφάλι του στο ταβάνι. Τα χέρια και τα πόδια του ήταν μακριά σαν πόδια καμηλοπάρδαλης. Εκείνος ούτε καν που το είχε καταλάβει και εξακολουθούσε να μελετά και να κρατάει σημειώσεις με ένα μολύβι που, μέσα στο τεράστιο χέρι του, έμοιαζε με οδοντογλυφίδα.

– Τώρα έχει την αντίστροφη ασθένεια, αναστέναξε ο κύριος Μπιάνκι, φυσώντας τον καυτό καφέ του.

– Ανεξήγητο πράγμα, συμπλήρωσε η κυρία Ρόζα.

Περιπέτεια με την τηλεόραση

Μια βραδιά ο κύριος Βερούτσι επέστρεφε σπίτι από τη δουλειά του. Ο κύριος Βερούτσι ήταν υπάλληλος, μάλλον του ταχυδρομείου. Μπορεί, όμως, να ήταν και οδοντίατρος. Μπορούμε να τον κάνουμε ό,τι θέλουμε. Θέλετε να του βάλουμε μουστάκι; Ή μήπως γένια; Τέλεια, και μουστάκι και γένια. Ας φανταστούμε τι φοράει, πώς περπατάει, πώς μιλάει. Αυτή τη στιγμή μονολογεί... Ας στήσουμε αυτί να τον ακούσουμε:

– Σπίτι, επιτέλους, σπίτι... *Σπίτι μου, σπιτάκι μου, φτωχοκαλυβάκι μου.* Δεν αντέχω άλλο. Είμαι ψόφιος στην κούραση. Τι κόσμος, τι κίνηση... Μόλις μπω σπίτι, θα κλείσω την πόρτα και τότε, κυρίες και κύριοι, γεια σας και χαρά σας... όλοι έξω. Όταν κλείνω την πόρτα του σπιτιού μου, τα πάντα πρέπει να μένουν έξω. Αυτό τουλάχιστον μπορώ να το κάνω. Να με, λοιπόν. Μόνος, επιτέλους μόνος... Τι ωραία! Πρώτον, πετάμε τη γραβάτα. Δεύτερον, βάζουμε παντόφλες. Τρίτον, ανάβουμε την τηλεόραση. Και, τέταρτον, πολυθρόνα, σκαμνί για τα πόδια, τσιγάρο... Αχ, τώρα είμαι σωστός άρχοντας. Και κυρίως μόνος μου. Μόν... Ποια είσαι εσύ; Από πού ξεφύτρωσες;

Μια όμορφη κοπέλα χαμογελούσε όλο γλύκα στον κύριο Βερούτσι. Ένα λεπτό πριν δεν υπήρχε. Τώρα, όμως, στεκόταν εκεί χαμογελαστή κι έφτιαχνε το κολιέ στο στήθος της.

– Δε με αναγνωρίζετε; Είμαι η εκφωνήτρια της τηλεόρασης. Να με κι εγώ τώρα που ανοίξατε την τηλεόραση. Έχω να σας πω τις τελευταίες ειδήσεις.

Ο κύριος Βερούτσι διαμαρτυρήθηκε:

– Για ένα λεπτό. Εσείς θα έπρεπε να είστε *μέσα* στην τηλεόραση. Τι δουλειά έχετε στο σπίτι μου, στον καναπέ μου;

– Συγγνώμη, αλλά το ίδιο δεν κάνει; Ακόμη κι όταν είμαι στην τηλεόραση, είμαι μέσα στο σπίτι σας και σας μιλάω.

– Πώς μπήκατε εδώ μέσα; Δεν καταλαβαίνω. Δεν πιστεύω να μπήκατε κρυφά;

– Μη δίνετε σημασία. Τελικά, θα ακούσετε τις ειδήσεις, ναι ή όχι;

Ο κύριος Βερούτσι μαλάκωσε:

– Δε με πείθετε, αλλά τέλος πάντων... Κάντε τη δουλειά σας.

Η όμορφη κοπέλα ξερόβηξε και άρχισε να λέει:

– Λοιπόν: *Συνεχίζονται οι έρευνες σε ολόκληρη την Αγγλία για τον εντοπισμό του τρομερού ληστή που δραπέτευσε από τις φυλακές Ρίντινγκ. Ο αρχηγός της αστυνομίας δήλωσε πως, σύμφωνα με πληροφορίες, ο ληστής κρύβεται στα δάση...*

Εκείνη τη στιγμή ο κύριος Βερούτσι άκουσε μια φωνή που δεν ήταν ούτε της τηλεόρασης ούτε της εκφωνήτριας. Ακουγόταν από κάπου πίσω του και του έλεγε:

– Παραμύθια!

– Ποιος είναι; πετάχτηκε ο Βερούτσι. Ποιος μίλησε;

– Ο ληστής είναι, του απάντησε ατάραχη η εκφωνήτρια. Κοιτάξτε, είχε κρυφτεί πίσω από τον καναπέ σας.

– Παραμύθια, επανέλαβε η φωνή. Σιγά μη σας πω κιόλας πού κρύβομαι...

Ο κύριος Βερούτσι πετάχτηκε όρθιος, κοίταξε προς το μέρος απ' όπου ακουγόταν η φωνή και φώναξε:

– Πώς τολμάτε; Και κρατάτε και όπλα! Ένας ληστής στο σπίτι μου! Θα τρελαθώ!

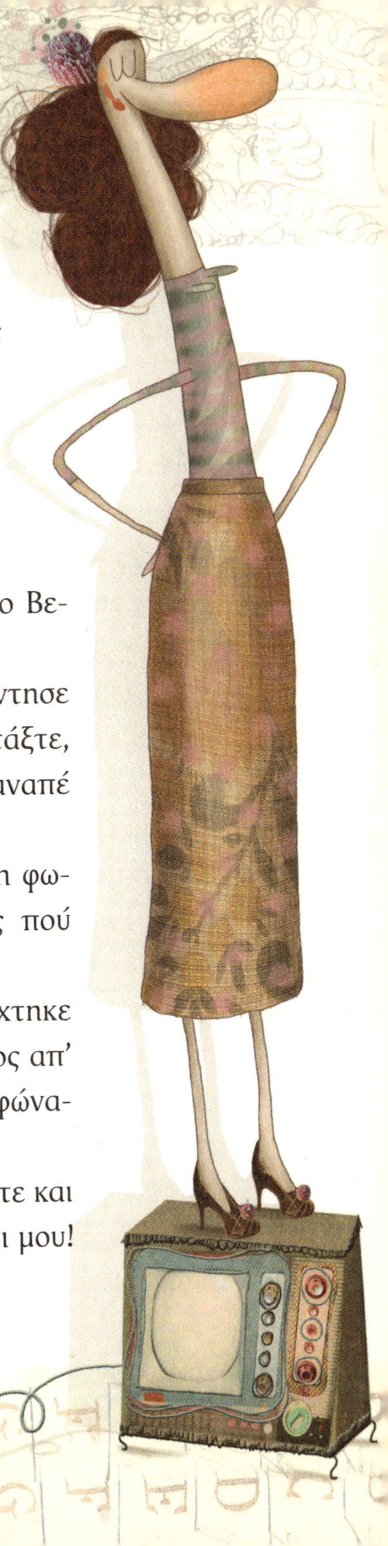

– Αφού εσείς με καλέσατε! είπε ο ληστής και βγήκε από την κρυψώνα του.

– Εγώ; Καλό κι αυτό. Δεν είχα τι να κάνω και είπα «δεν καλώ ένα ληστή να πιούμε κανένα ποτάκι;»

– Μια και το 'φερε η κουβέντα, έχετε;

– Τι πράγμα;

– Κανένα ποτάκι.

– Εκτός από ληστής είστε και θρασύτατος. Καταρχάς, να σας πω ότι δε σας γνωρίζω και ότι είστε εδώ παρά τη θέλησή μου. Μάρτυς μου εσείς, δεσποινίς.

– Όχι, κύριε Βερούτσι. Δεν μπορώ να ψευδομαρτυρήσω όπως μου ζητάτε. Εσείς ανάψατε την τηλεόραση...

– Δηλαδή και ο ληστής...

– Βεβαίως, μπήκε σπίτι σας *από την τηλεόραση*, όπως κι εγώ.

– Τελικά τι θα γίνει; Θα μου φέρετε κανένα ποτάκι, ναι ή όχι; ρώτησε ο ληστής.

– Μα τι λέτε, αναφώνησε ο κύριος Βερούτσι. Ελάτε, καθίστε, σαν στο σπίτι σας. Εγώ άλλωστε είμαι ένα τίποτα εδώ μέσα. Το σπίτι είναι δικό μου, μόνο που δεν είμαι εγώ το αφεντικό εδώ μέσα. Η πόρτα είναι κλειδωμένη, τα παράθυρα κλειστά, αλλά ο κόσμος μπαινοβγαίνει και κάνει ό,τι του καπνίσει.

– Μήπως το παρατραβάτε; Ένα ποτάκι ζήτησα, παρατήρησε ο ληστής.

– Να συνεχίσω τις ειδήσεις; ρώτησε η εκφωνήτρια.

– Γιατί όχι; απάντησε ο Βερούτσι. Είμαι περίεργος να δω πού θα καταλήξει αυτή η ιστορία.

Και η κοπέλα, ξαναπαίρνοντας το απρόσωπο ύφος της εκφωνήτριας, άρχισε να λέει: *Ο στρατηγός Μπόλο ανακοίνωσε ότι τα στρατεύματά του θα εξαπολύσουν το συντομότερο επίθεση εναντίον της Δημοκρατίας της Πλανάβιας και ότι ο πόλεμος δε θα λήξει πριν από τα Χριστούγεννα.*

– Δεν είναι ακριβώς έτσι, είπε μια άλλη φωνή, καθώς άνοιγε με φόρα το φύλλο μιας ντουλάπας.

Ο κύριος Βερούτσι πετάχτηκε και πάλι όρθιος.

– Και πάνω που σας έψαχνα. Εσείς πρέπει να είστε ο στρατηγός Μπόλο. Τι δουλειά είχατε στην ντουλάπα μου;

– Δε θα σας δώσω λογαριασμό, απάντησε ο στρατηγός.

– Ναι, αλλά εγώ θέλω να ξέρω, είπε ο Βερούτσι πηγαίνοντας προς την ντουλάπα. Βόμβες... Βόμβες μες στην ντουλάπα μου. Πού; Στην ντουλάπα μου! Τι σχέση έχω εγώ με τον πόλεμο, μου λέτε;

Ο στρατηγός Μπόλο χασκογέλασε:

– Αγαπητέ μου κύριε, δουλειά μου είναι να διατάζω τα στρατεύματα να καταλάβουν την Πλανάβια, όχι ν' απαντώ στις ερωτήσεις σας. Έλεγα, λοιπόν, στη δεσποινίδα από δω ότι η δήλωσή μου παρερμηνεύτηκε. Αυτό που είπα ακριβώς ήταν: *ο πόλεμος θα λήξει πριν από τα Χριστούγεννα, γιατί θα συντρίψω όλους τους Πλαναβιανούς, έναν έναν. Θα κάνω στάχτη τις πόλεις τους και η γη τους θα μετατραπεί σε έρημο.*

Εκείνη τη στιγμή πετάχτηκε ο ληστής για να πει τα δικά του:

– Μα τι ευγενική ψυχή! Κι εμένα, ένα άμοιρο κλεφτρόνι του δρόμου, με κυνηγάει ολόκληρη η Αγγλία. Πολύ θα ήθελα να ξέρω ποιος είναι ο πραγματικός ληστής απ' τους δυο μας...

– Κι εγώ πολύ θα ήθελα να ξέρω πότε θα φύγετε όλοι σας, άστραψε και βρόντηξε ο κύριος Βερούτσι. Κι εσείς, αγαπητή μου δεσποινίς, κι εσείς, κύριε ληστή, κι εσείς, κύριε στρατηγέ. Εδώ είναι το σπίτι μου και θέλω να μείνω μόνος μου! Δεκάρα δε δίνω για το τι λέτε και τι κάνετε. Τώρα θα φωνάξω την αστυνομία και θα σας καταγγείλω για παραβίαση ιδιωτικού ασύλου. Καταλάβατε; Και θα φωνάξω και τους χωροφύλακες και τους τροχονόμους και τους πυροσβέστες. Για να δούμε τώρα ποιος είναι το αφεντικό εδώ μέσα. Πολύ θα ήθελα να ξέρω...

Στο μεταξύ, όσο η εκφωνήτρια συνέχισε να διαβάζει τις ειδήσεις, το σπίτι του κυρίου Βερούτσι, που ήταν ο μοναδικός ιδιοκτήτης του και ήθελε να μείνει μόνος και ανενόχλητος, γέμιζε από λογής λογής κόσμο: πλήθη πεινασμένων, στρατεύματα σε πορεία, πολιτικούς πάνω στο βήμα, οδηγούς μπλοκαρισμένους από την κακοκαιρία, αθλητές που προπονούνταν, απεργούς εργάτες, αεροπλάνα σε αποστολή βομβαρδισμού...

Φωνές, κραυγές, τραγούδια, βρισιές σε όλες τις γλώσσες γίνονταν ένα με τη φασαρία, τις εκρήξεις και χίλιους δυο άλλους θορύβους.

– Φτάνει! φώναξε ο κύριος Βερούτσι. Προδοσία! Παραβίαση ιδιωτικού ασύλου! Φτάνει! Φτάνει!

ΠΡΩΤΟ ΤΕΛΟΣ

Άξαφνα ακούστηκε ένα επίμονο κουδούνισμα.

– Ποιος είναι;

– Αστυνομία! Ανοίξτε!

Δόξα τω Θεώ, πάνω στην ώρα ήρθαν. Κάποιος γείτονας που είχε ακούσει τις εκρήξεις είχε καλέσει την αστυνομία.

– Ακίνητοι όλοι! Ψηλά τα χέρια! Τις ταυτότητές σας!

– Ευχαριστώ, αναστέναξε ο κύριος Βερούτσι και σωριάστηκε στον αγαπημένο του καναπέ. Σας ευχαριστώ. Πάρτε τους όλους από δω μέσα. Δε θέλω να βλέπω κανέναν. Είναι όλοι τους ύποπτοι.

– Και η δεσποινίς;

– Και αυτή. Δεν είχε κανένα δικαίωμα να κουβαλήσει μες στο σπίτι μου όλον αυτό το συρφετό.

– Εντάξει, κύριε Βερούτσι, είπε ο επικεφαλής των αστυνομικών. Η ιδιωτική σας ζωή είναι δικαίωμά σας. Θα τους χώσω όλους φυλακή. Θέλετε να σας φτιάξω ένα καφεδάκι;

– Όχι, ευχαριστώ. Θα το φτιάξω μόνος μου, αλλά χωρίς καφεΐνη, αλλιώς δε θα κλείσω μάτι.

ΔΕΥΤΕΡΟ ΤΕΛΟΣ

Άξαφνα... ο κύριος Βερούτσι σταμάτησε τις φωνές. Του είχε έρθει μια ιδέα. Και τι ιδέα... Σαν αυτές που βλέπουμε στα κόμικς, με το φωτάκι που ανάβει πάνω από το κεφάλι του Μίκυ Μάους ή του Σούπερμαν.

Ο κύριος Βερούτσι πλησίασε σιγά σιγά στην τηλεόραση, χαμογελώντας σε όλον αυτό τον κόσμο που τον κοιτούσε όλο περιέργεια. Χαμογελώντας, βεβαιώθηκε ότι κανείς δεν μπορούσε να τον εμποδίσει. Και τότε, με μια απότομη και αποφασιστική κίνηση, *τσακ*, έκλεισε την τηλεόραση.

Η πρώτη που εξαφανίστηκε, μαζί με τα τελευταία φώτα της οθόνης, ήταν η εκφωνήτρια. Στη συνέχεια, χάθηκαν ληστές και στρατηγοί, τραγουδιστές και αθλητές, στρατοί και λαοί, ο ένας μετά τον άλλο. Απλό, ε;

Αρκεί να κλείσεις την τηλεόραση, και όλος ο κόσμος εξαφανίζεται, μένει έξω από την πόρτα του σπιτιού σου και σε αφήνει μόνο στην ησυχία σου...

Ο κύριος Βερούτσι, μοναδικός αφέντης πλέον του σπιτιού, χαμογέλασε στον εαυτό του κι άναψε την πίπα του.

ΤΡΙΤΟ ΤΕΛΟΣ

Άξαφνα... ο κύριος Βερούτσι σταμάτησε να ξεφωνίζει σαν παλαβός.

Άραγε είχε καταλάβει;

Ναι, είχε καταλάβει.

Τι πράγμα;

Ότι δε φτάνει να κλείνεις την πόρτα του σπιτιού σου για να αφήσεις έξω τον κόσμο, τους ανθρώπους, τη δυστυχία τους και τα προβλήματά τους.

Ότι κανείς δεν μπορεί να απολαύσει τις χαρές της ζωής όταν ξέρει – και μια τηλεόραση αρκεί για να το μάθει – ότι υπάρχει κόσμος που κλαίει, υποφέρει και πεθαίνει, κοντά ή μακριά, μα πάντα πάνω σ' αυτή τη Γη, που είναι μία και μοναδική για όλους. Το κοινό μας σπίτι.

Το μεγάλο καρότο

Αυτό το παραμύθι μιλάει για το πιο μεγάλο καρότο του κόσμου. Μπορεί να το 'χετε ξανακούσει, όμως εγώ νομίζω ότι τα πράγματα έγιναν κάπως έτσι.

Μια φορά κι έναν καιρό, ήταν ένας χωρικός που φύτεψε καρότα. Τα περιποιήθηκε όπως έπρεπε και, την κατάλληλη εποχή, πήγε στο μποστάνι του κι άρχισε να βγάζει τα καρότα από το χώμα. Κάποια στιγμή, αντίκρισε ένα καρότο πιο μεγάλο από τα άλλα. Τραβούσε, ξανατραβούσε, αλλά αυτό δεν έλεγε με τίποτα να βγει. Προσπάθησε να το βγάλει με χίλιους δυο τρόπους, μα άδικος κόπος... Στο τέλος, το πήρε απόφαση και φώναξε τη γυναίκα του.

– Τζουζεπίνα!

– Τι είναι, Ορέστη;

– Έλα λίγο εδώ. Αυτό το αναθεματισμένο καρότο δε λέει να βγει από το χώμα. Κοίτα να δεις...

– Φαίνεται στ' αλήθεια μεγάλο.

– Άκου να δεις τι θα κάνουμε. Εγώ θα τραβάω το καρότο κι εσύ θα με τραβάς από τη ζακέτα. Έτοιμοι; Τράβα!

– Καλύτερα να σε τραβάω από το χέρι, αλλιώς θα σου σκίσω τη ζακέτα.

– Τράβα μου το χέρι! Εμπρός! Μα τι στο καλό; Για φώναξε το παιδί... Εγώ δεν μπορώ να πάρω ανάσα!

– Ρομέο! Ρομέο! φώναξε η σύζυγος του χωρικού.

– Τι είναι, μαμά;

– Για έλα λίγο εδώ. Τρέξε...

– Έχω διάβασμα.

– Άσ' το για μετά. Έλα να μας βοηθήσεις. Έχει φυτρώσει ένα καρότο που δε λέει να βγει από το χώμα. Εγώ θα τραβάω τον μπαμπά απ' το ένα χέρι, εσύ απ' το άλλο και ο μπαμπάς θα τραβάει το καρότο. Για να δούμε...

Ο χωρικός έφτυσε στα χέρια του.

– Έτοιμοι; Φύγαμε! Τραβάτε! Έι, οπ! Έι, οπ! Μα τι στο καλό; Γιατί δε βγαίνει;

– Αυτό το καρότο είναι μάλλον το μεγαλύτερο του κόσμου, είπε η Τζουζεπίνα.

– Να φωνάξω τον παππού; ρώτησε ο Ρομέο.

– Άντε, φώναξέ τον κι αυτόν, είπε ο χωρικός. Εγώ δεν μπορώ να πάρω ανάσα.

– Παππού! Παππού! Για έλα λίγο. Βιάσου!

– Έρχομαι, έρχομαι όσο πιο γρήγορα μπορώ. Στην ηλικία σου έτρεχα, μα τώρα... Τι συμβαίνει;

Ο παππούς αγκομαχούσε ήδη από την κούραση.

– Στο μποστάνι μας φύτρωσε το πιο μεγάλο καρότο του κόσμου, του είπε ο Ρομέο. Και οι τρεις μαζί δεν μπορούμε να το βγάλουμε. Θα μας δώσεις ένα χεράκι κι εσύ;

– Μωρέ, να σας δώσω και δύο, αλλά πώς θα το κάνουμε;

– Εσύ θα με κρατάς από το χέρι και θα με τραβάς, εγώ θα τραβάω το χέρι του μπαμπά, η μαμά θα του τραβάει το άλλο χέρι, ο μπαμπάς θα τραβάει το καρότο, κι αν δε βγει ούτε τώρα...

– Εντάξει, συμφώνησε ο παππούς. Περιμένετε μια στιγμή.

– Μα τι κάνεις;

– Ένα λεπτό ν' αφήσω την πίπα μου σ' αυτή την πέτρα. Ορίστε. Δεν μπορώ να κάνω δύο πράγματα ταυτόχρονα. Ή θα καπνίζω ή θα δουλεύω.

– Είστε έτοιμοι; ρώτησε ο χωρικός. Εμπρός! Τραβήξτε! Έι, οπ! Τραβήξτε!

– Έι, οπ! Έι, οπ! Έι, οπ!

– Βοήθεια!

– Τι έπαθες, παππού;

– Δε βλέπεις; Έπεσα κάτω. Γλίστρησα κι έπεσα πάνω στην πίπα.

Ο άμοιρος γεράκος είχε κάψει το πίσω μέρος του παντελονιού του.

– Δε γίνεται δουλειά έτσι, κατέληξε ο χωρικός. Ρομέο, πήγαινε στο γείτονα τον Αντρέα και πες του να έρθει να μας δώσει κι αυτός ένα χεράκι.

Ο Ρομέο το σκέφτηκε και ύστερα είπε:

– Να του πω να φέρει και τη γυναίκα του και το γιο του;

– Και βέβαια, του απάντησε ο πατέρας του. Κοίτα εδώ ένα καρότο. Αυτό είναι για να το γράψουν οι εφημερίδες.

– Να φωνάξω τα κανάλια; πρότεινε η Τζουζεπίνα.

– Σιγά μη φωνάξουμε τα κανάλια, μουρμούρισε ο χωρικός. Κάτσε να έρθουν πρώτα κι άλλοι να μας βοηθήσουν...

Για να μην πολυλογώ, ήρθε ο Αντρέας ο γείτονας, ήρθαν η γυναίκα του και ο γιος του, που ήταν πέντε μόλις χρονών και δεν είχε ακόμα πολλή δύναμη...

Στο μεταξύ, η φήμη είχε διαδοθεί στο χωριό και πολύς κόσμος είχε πάρει το δρόμο για το μποστάνι, κουβεντιάζοντας και γελώντας.

– Τι καρότα και αηδίες, σχολίασε ένας. Ολόκληρη φάλαινα πρέπει να 'ναι εκεί μέσα.

– Μα οι φάλαινες ζουν στη θάλασσα!

– Όχι όλες. Μια φορά είδα μία στο πανηγύρι.

– Εγώ έχω δει σε βιβλίο.

Ο ένας περίεργος παρότρυνε τον άλλο:

– Έλα να βάλεις κι εσύ ένα χεράκι, Τζερόλαμο, που είσαι δυνατός.

– Εμένα δε μ' αρέσουν τα καρότα. Προτιμώ τις πατάτες.

– Κι εγώ τους λουκουμάδες.

Κουβέντα στην κουβέντα, τράβηγμα στο τράβηγμα, ο ήλιος κόντευε πλέον να δύσει...

ΠΡΩΤΟ ΤΕΛΟΣ

Το καρότο δεν έλεγε να βγει.

Ολόκληρο το χωριό άρχισε να τραβάει. Τίποτα.

Ήρθε κόσμος από τα κοντινά χωριά. Άδικος κόπος.

Ήρθε κόσμος από μακρινά χωριά. Τίποτα πάλι. Φτου κι απ' την αρχή. Στο τέλος, αποδείχτηκε ότι το γιγάντιο καρότο διέσχιζε όλη την υδρόγειο σφαίρα και ότι από την άλλη πλευρά υπήρχε ένας άλλος χωρικός κι ένα άλλο πλήθος που τραβούσε. Με λίγα λόγια, όλοι συμμετείχαν σε μια τεράστια διελκυστίνδα που τελειωμό δεν είχε.

ΔΕΥΤΕΡΟ ΤΕΛΟΣ

Τράβα από δω, τράβα από κει, τελικά κάτι βγήκε στην επιφάνεια, μόνο που δεν ήταν καρότο. Ήταν μια κολοκύθα. Μέσα στην κολοκύθα βρίσκονταν επτά νάνοι τσαγκάρηδες, καθισμένοι σε κύκλο, που χτυπούσαν τις σόλες με τα σφυριά τους.

– Τι τρόπος είναι αυτός; διαμαρτυρήθηκαν οι νάνοι. Με ποιο δικαίωμα μας κλέβετε το σπίτι μας, το εργαστήριό μας; Ξαναβάλτε μας κάτω απ' τη γη.

Ο κόσμος τρόμαξε και το 'βαλε στα πόδια.

Έφυγαν όλοι εκτός από τον παππού, που ρώτησε τους νάνους:

– Μήπως σας βρίσκεται κανένα σπίρτο; Μου έσβησε η πίπα.

Ο παππούς και οι νάνοι γίνανε φίλοι.

– Δε θα 'ταν άσχημα να ερχόμουν κι εγώ να μείνω μαζί σας στην κολοκύθα. Υπάρχει χώρος και για μένα;

Και τότε ο Ρομέο φώναξε από μακριά:

– Αν φύγεις, θα έρθω κι εγώ μαζί σου.

– Ρομέο, αν φύγεις κι εσύ, θα έρθω κι εγώ μαζί σου! φώναξε η Τζουζεπίνα.

– Τζουζεπίνα, αν φύγεις κι εσύ, θα έρθω κι εγώ μαζί σου! φώναξε και ο χωρικός.

Οι νάνοι εκνευρίστηκαν και χώθηκαν βαθιά μες στη γη, κι εκείνοι και η κολοκύθα τους.

ΤΡΙΤΟ ΤΕΛΟΣ

Κι επειδή το ένα χέρι νίβει τ' άλλο και τα δυο το πρόσωπο, με το τράβα-τράβα, ένα εκατοστό κάθε φορά, τελικά το καρότο βγήκε. Και ήταν τόσο μεγάλο, που για να το πάνε στην αγορά χρειάστηκαν είκοσι επτά νταλίκες κι ένα μηχανάκι.

Τίποτα δεν είναι ακατόρθωτο όταν οι άνθρωποι δουλεύουν από κοινού, με αγάπη και αρμονία.

Εκατό λίρες στην τσέπη

Μια φορά κι έναν καιρό, ήταν τρία αδέλφια. Ήταν φτωχά και δεν ήξεραν πώς να τα βγάλουν πέρα. Ένα βράδυ, ενώ πήγαιναν για ύπνο νηστικοί, ο μεγάλος αδελφός είπε:

– Αδέλφια μου, δεν μπορούμε να συνεχίσουμε άλλο έτσι. Το χωράφι μας είναι πολύ μικρό για να μας θρέψει και τους τρεις. Αύριο θα φύγω να ψάξω την τύχη μου αλλού. Κι αν σταθώ τυχερός, θα γυρίσω σπίτι και θα ζήσουμε σαν άρχοντες.

Το επόμενο πρωί, ο μεγάλος αδελφός έφυγε. Περπατούσε και περπατούσε, ώσπου νύχτωσε κι εκείνος ακόμα περπατούσε.

Στο τέλος, έφτασε σε ένα πανδοχείο μες στο δάσος, έφαγε λίγο ψωμοτύρι και πήγε στο δωμάτιο. Εκεί υπήρχε μόνο ένα κενό κρεβάτι. Σε όλα τα υπόλοιπα κοιμούνταν άλλοι. Ξάπλωσε και τον πήρε ο ύπνος.

Ξύπνησε νωρίς, γιατί οι χωρικοί έχουν το συνήθειο να σηκώνονται πριν χαράξει. Ντύθηκε, πλήρωσε το λογαριασμό κι έφυγε. Είχε ήδη κάνει αρκετό δρόμο, όταν του ήρθε να φυσήξει τη μύτη του. Έβαλε τα χέρια στην τσέπη και έσκασε στα γέλια: «Άλλο κι αυτό! Ένα νόμισμα των εκατό λιρών! Ποτέ μου δεν είχα τόσα λεφτά για να τα βάζω και στις τσέπες. Τώρα κατάλαβα. Αυτό το παντελόνι δεν είναι δικό μου. Φαίνεται πως, μες στο σκοτάδι, πήρα κατά λάθος το παντελόνι κάποιου άλλου. Και τα δύο, όμως, έχουν πάνω κάτω την ίδια αξία, δηλαδή δεν αξίζουν τίποτα. Πού να τρέχω τώρα πίσω να το αλλάζω; Τι είναι τούτο πάλι; Κι άλλες εκατό λίρες. Νόμιζα ότι ήταν μόνο ένα νόμισμα. Λες να τριτώσει; Για να δούμε αν υπάρχει και τρίτο. Κοίτα να δεις. Τώρα έχω τριακόσιες λίρες. Έβγαλα σχεδόν τα έξοδα μίας μέρας».

Έλα που δεν ήταν μόνο μίας μέρας! Κάθε φορά που έβαζε το χέρι στην τσέπη, έβρισκε εκατό λίρες. Και σταματημό δεν είχε... Κι άλλες, κι άλλες, κι άλλες. Τώρα πια είχε μαζέψει ένα γερό κομπόδεμα και η τσέπη του ήταν διαρκώς πανέτοιμη να του δώσει κι άλλα. Ο νέος δεν μπορούσε να συγκρατήσει τη χαρά του. Άρχισε να τρέχει και μέσα σε λίγες ώρες βρισκόταν και πάλι σπίτι του...

– Αδέλφια μου! Αδελφάκια μου! Έκανα περιουσία! Κοιτάξτε!

– Ποπό, πόσα λεφτά!

– Και μπορώ ν' αποκτήσω κι άλλα. Όσα θέλω...

– Βρήκες το μηχάνημα που φτιάχνει λεφτά;

– Ακριβώς. Ένα εκπληκτικό και απλούστατο μηχάνημα. Πάρε εκατό λίρες... κι άλλες εκατό... κι άλλες...

– Μπράβο, του είπε ο μεσαίος αδελφός. Δεν είναι, όμως, σωστό να ζούμε εις βάρος σου. Αύριο πρωί πρωί θα φύγω να βρω κι εγώ την τύχη μου. Αφού τη βρήκες εσύ, θα τη βρω σίγουρα κι εγώ, και τότε θα ζήσουμε και οι τρεις σαν άρχοντες.

Την επόμενη μέρα, ο μεσαίος αδελφός δρόμο παίρνει, δρόμο αφήνει, ώσπου έφτασε στο ίδιο πανδοχείο. Πήγε να κοιμηθεί στο ίδιο δωμάτιο και το πρωί, μόλις ξύπνησε, φόρεσε το παντελόνι του διπλανού του και δρόμο. Αφού περπάτησε αρκετά, κοντοστάθηκε και ψαχούλεψε την τσέπη του.

– Για να δούμε αν θα βρω κι εγώ την τύχη μου... Αυτή η τσέπη είναι άδεια. Εδώ, όμως, κάτι έχει. Χμ, δεν έχει νομίσματα. Μόνο ένα χαρτί! Μα αυτό είναι ένα χαρτονόμισμα των χιλίων λιρών. Ποιος ξέρει αν έχει κι άλλο. Μα ναι, να το! Κι άλλο ένα... κι άλλο ένα... Είμαι πλούσιος! Είμαι πλούσιος!

Πράγματι, στην τσέπη του έβρισκε κάθε φορά κι από ένα χαρτονόμισμα των χιλίων λιρών και, μόλις εκείνος το έπαιρνε στα χέρια του, αμέσως εμφανιζόταν κι άλλο ένα. Να λοιπόν που κι αυτό το παντελόνι ήταν μαγικό. Και φυσικά ο μεσαίος αδελφός έκανε ό,τι και ο πρώτος, κι έτσι επέστρεψε σπίτι τρισευτυχισμένος. Από μακριά κιόλας άρχισε να φωνάζει:

– Αδέλφια μου, αδελφάκια μου, έκανα κι εγώ περιουσία! Και μάλιστα, μεγαλύτερη από τη δική σου, μεγάλε μου αδελφέ.

– Ποπό, πόσα λεφτά!

– Και μπορώ να βγάζω όσα θέλω.

– Επομένως, είπε ο μικρότερος αδελφός, κι εσύ βρήκες το μηχάνημα που φτιάχνει λεφτά. Ωραία λοιπόν. Αύριο είναι η σειρά μου. Αφού κάνατε περιουσία εσείς, γιατί να μην μπορώ να κάνω κι εγώ;

– Μα δεν υπάρχει λόγος να φύγεις, του είπαν τα αδέλφια του. Και οι δυο μας μπορούμε να έχουμε όσα χρήματα χρειαζόμαστε.

– Ευχαριστώ για τη γενναιοδωρία σας, αλλά δεν έχω σκοπό να ζω εις βάρος σας. Θέλω να ψάξω μόνος μου την τύχη μου...

Κι έτσι, και ο τρίτος αδελφός έφτιαξε το μπογαλάκι του και ξεκίνησε. Περπάτησε και περπάτησε, ώσπου έφτασε στο ίδιο πανδοχείο, έφαγε, πήγε για ύπνο, ξύπνησε και... Η ιστορία μας σταματά εδώ. Εμείς θα πρέπει να τη συνεχίσουμε. Εγώ φαντάστηκα τρία διαφορετικά φινάλε.

ΠΡΩΤΟ ΤΕΛΟΣ

Ο μικρός αδελφός βρήκε στην τσέπη του ένα εκατομμύριο. Κι άλλο εκατομμύριο, κι άλλο... Η τσέπη του έβγαζε περισσότερα κι από το θησαυροφυλάκιο της Εθνικής Τράπεζας.

Επέστρεψε στο σπίτι, όπου το γλέντησαν υπό τους ήχους της μπάντας του χωριού και με πυροτεχνήματα. Τα τρία αδέλφια μοίρασαν χρήματα σ' όλο το χωριό, για να μην προκαλέσουν σε κανέναν το φθόνο.

Κανείς δε σκέφτηκε ποτέ να τους κλέψει τα μαγικά παντελόνια. Ποιος ο λόγος, άλλωστε, αφού τα τρία αδέλφια δεν έλεγαν ποτέ όχι σε όποιον χρειαζόταν είτε εκατό λίρες ακόμη είτε εκατό εκατομμύρια;

1000
BANCA D'ITALIA
MILLE LIRE
1000

Εδώ και καιρό, τα τρία αδέλφια δε ζουν πια. Αν όμως πάτε στο χωριό τους, θα δείτε τα παντελόνια τους κρεμασμένα στο τοπικό μουσείο, δίπλα στο σπαθί του περιβόητου στρατηγού Παστρουφάκιου του Μεγάλου.

ΔΕΥΤΕΡΟ ΤΕΛΟΣ

Ο μικρός αδελφός βρήκε στην τσέπη του ένα σημείωμα που έλεγε: «Φτάνει πια. Είστε άπληστοι!» Υπογραφή: Ο ΜΑΓΟΣ ΠΟΥ ΧΑΡΙΖΕΙ ΠΑΝΤΕΛΟΝΙΑ ΣΕ ΟΠΟΙΟΝ ΘΕΛΕΙ ΕΚΕΙΝΟΣ.

ΤΡΙΤΟ ΤΕΛΟΣ

Ο μικρότερος αδελφός βρήκε στην τσέπη του ένα εκατομμύριο. Το έβαλε σ' ένα σάκο κι εκεί που ξανάβαλε το χέρι στην τσέπη, να σου κι άλλο ένα εκατομμύριο!

– Πολύ θα ήθελα να ξέρω σε ποιον ανήκουν αυτά τα χρήματα και αν πράγματι μου τα χάρισε. Δε θέλω να κλέβω τίποτα και από κανέναν, είπε.

Μια και δυο, να τος πάλι στο πανδοχείο.

– Ποιος φόρεσε κατά λάθος το παντελόνι μου αντί να βάλει το δικό του; άρχισε να ρωτάει δεξιά κι αριστερά.

Οι πελάτες κοιτούσαν τα παντελόνια τους. Κάποιοι, άγνωστο γιατί, κοιτούσαν και τα σακάκια και τα πουκάμισά τους.

Όμως, σε μια γωνιά λίγο παραπέρα, ένα ανθρωπάκι συνέχιζε να τρώει το πρωινό του χωρίς να κοιτάζει τα ρούχα του. Μόνο που φορούσε το παντελόνι του μικρού αδελφού.

– Συγγνώμη για την ενόχληση, αλλά έτσι κι έτσι έχουν τα πράγματα. Τι κάνουμε τώρα;

Το ανθρωπάκι ήπιε μια γουλιά γάλα και παρέμενε σιωπηλό.

– Λοιπόν; ρώτησε ο μικρός αδελφός.

Το ανθρωπάκι άλειψε μια φέτα ψωμί με βούτυρο, αλλά δεν έβγαζε τσιμουδιά.

– Δε θέλετε πίσω το παντελόνι σας;

– Άντε πάλι, φώναξε στο τέλος το ανθρωπάκι. Μα δεν μπορεί να φάει κανείς με την ησυχία του επιτέλους; Ορίστε, πάρε το παλιοπαντέλονό σου.

Το έβγαλε και το πέταξε σε ένα τραπέζι. Ο μικρός αδελφός έβγαλε το ξένο παντελόνι, φόρεσε το δικό του κι έφυγε.

Έκανε μερικά βήματα, ύστερα έβαλε το χέρι στην τσέπη και βρήκε ένα δισεκατομμύριο. Κι άλλο ένα, κι άλλο ένα. Είναι να σου στρίβει τελικά.

Ο γάτος ταξιδευτής

Μια φορά, στο τρένο που πήγαινε από τη Ρώμη στην Μπολόνια, ανέβηκε ένας γάτος. Στα τρένα, όλο και κάποια γάτα βλέπει κανείς, είτε στο καλαθάκι της είτε σε καμιά κούτα με τρύπες, για να μπορεί να αναπνέει. Μέχρι και αδέσποτες γάτες μπορεί να μπουν τυχαία την ώρα που κυνηγάνε ποντίκια στα εγκαταλειμμένα βαγόνια. Ο γάτος της ιστορίας μας, όμως, ήταν ένας γάτος ταξιδευτής. Μάλιστα, ταξίδευε μόνος του.

Κρατούσε μια μαύρη τσάντα, σαν δικηγόρος, όμως δεν ήταν δικηγόρος. Ήταν γάτος. Φορούσε γυαλιά σαν μύωψ λογιστής, όμως και δεν ήταν λογιστής και έβλεπε μια χαρά. Φορούσε πανωφόρι και καπέλο σαν αριστοκράτης, όμως δεν ήταν αριστοκράτης. Ήταν γάτος.

Ανέβηκε στο βαγόνι της πρώτης θέσης, μπήκε στο κουπέ, είδε μια άδεια θέση δίπλα στο παράθυρο και στρογγυλοκάθισε. Στο κουπέ του βαγονιού υπήρχαν τρία ακόμη άτομα: μια κυρία που πήγαινε στο Αρέτσο για να δει την αδελφή της, ένας χωροφύλακας που πήγαινε στην Μπολόνια για δουλειές κι ένας νεαρός που κανείς δεν ήξερε πού πήγαινε. Μόλις μπήκε ο γάτος, άρχισαν τα σχόλια!

Η κυρία είπε:

– Τι όμορφος ψιψίνος. *Ψψψ, ψψψ, ψψψ...* Ταξιδεύεις μόνος σου σαν άνθρωπος, ε;

Ο χωροφύλακας είπε:

– Ελπίζω να μην έχει ψύλλους.

– Μα δε βλέπετε πόσο καθαρός είναι; είπε η κυρία.

– Ας το ελπίσουμε, αγαπητή μου κυρία, γιατί είμαι αλλεργικός στις γάτες. Ελπίζω να μη με πιάσει κανένα συνάχι.

– Μα αφού δεν είναι κρυωμένος, πώς θα σας κολλήσει;

– Καλή μου κυρία, εμένα με κολλάνε συνάχι ακόμη κι αυτοί που δεν έχουν.

– *Ψψψ, ψψψ, ψψψ...* Ήρθες να πιάσεις θέση για την αφεντικίνα σου, ε;

– *Νιάου!*

– Τι γλυκιά φωνούλα. Ποιος ξέρει τι να είπε τώρα;

Για πρώτη φορά πήρε το λόγο ο νεαρός:

– Είπε ότι δεν έχει αφεντικά και ότι είναι ένας ελεύθερος γάτος βασιλιάς.

– Πολύ ενδιαφέρον!

– Ε τότε είναι ένας σπουδαίος αδέσποτος γάτος, σχολίασε καχύποπτος ο χωροφύλακας. Ας ελπίσουμε ότι δε θα με κολλήσει ιλαρά.

– Ιλαρά; αναφώνησε η κυρία. Μα οι γάτες δεν έχουν ιλαρά κι άλλωστε αυτή είναι παιδική ασθένεια.

– Αγαπητή μου κυρία, εγώ δεν πέρασα ιλαρά όταν

ήμουν μικρός. Το ξέρετε ότι είναι πιο επικίνδυνο αν την κολλήσεις μεγάλος;

Το τρένο έφυγε και λίγο μετά πέρασε ο ελεγκτής.

– Εισιτήρια, παρακαλώ.

Η κυρία άνοιξε το τσαντάκι της:

– Οχ, μα πού το 'βαλα; Περιμένετε ένα λεπτό... Εδώ πρέπει να είναι... Ορίστε. Ευτυχώς.

– Ευχαριστώ, κυρία μου. Και το εισιτήριο του γάτου;

– Δεν είναι δικός μου.

– Μήπως είναι δικός σας, κύριε;

– Αυτό μου έλειπε, ξεφύσηξε ο χωροφύλακας. Δεν αντέχω τις γάτες. Μου ανεβάζουν την πίεση.

– Ούτε και δικός μου είναι, είπε ο νεαρός. Είναι ένας γάτος που ταξιδεύει μόνος του.

– Ναι, αλλά πρέπει να έχει εισιτήριο.

– Μην τον ξυπνάτε. Δε βλέπετε ότι κοιμάται; Είναι τόσο γλυκούλης. Κοιτάξτε μια μουσουδίτσα που έχει.

– Μουσουδίτσα ξεμουσουδίτσα, πρέπει να ακυρώσω το εισιτήριό του.

– *Ψψψ, ψψψ, ψψψ*, έκανε η κυρία. Ψιψίνε, ψιψίνε... Έτσι μπράβο. Κοίτα ποιος ήρθε...

Ο γάτος άνοιξε το ένα μάτι και νιαούρισε:

– *Νιάου νιάου.*

– Διαμαρτύρεται κι από πάνω! σχολίασε ο χωροφύλακας. Είναι να σου στρίβει. Γιατί δεν πάει στην κλινάμαξα δεν καταλαβαίνω.

– Μα δε διαμαρτυρήθηκε, εξήγησε ο νεαρός. Είπε: «Σας ζητώ συγγνώμη, αλλά με πήρε ο ύπνος».

– Τον πήρε ο ύπνος, ε;

– Ναι. Απ' ό,τι φαίνεται, ήταν πολύ κουρασμένος.

– *Νιάου νιάου*, έκανε πάλι ο γάτος.

– Και τώρα τι είπε; ρώτησε η κυρία.

– Είπε: «Ορίστε το εισιτήριό μου, παρακαλώ», μετέφρασε ο νεαρός.

– Για κοιτάξτε καλά, είπε ο χωροφύλακας στον ελεγκτή. Πολύς κόσμος ταξιδεύει στην πρώτη θέση με εισιτήριο της δεύτερης.

– Το εισιτήριο είναι εντάξει, κύριε.

– *Νιάου νιάου νιάου*, νιαούρισε ο γάτος επίμονα.

– Λέει ότι κανονικά θα έπρεπε να τον θίξουν τα υπονοούμενά σας, αλλά σας σέβεται λόγω των άσπρων σας μαλλιών, εξήγησε ο νεαρός.

– Άσπρα μαλλιά; Μα αφού είμαι φαλακρός!

– *Νιάου νιάου.*

– Λέει ότι το είδε πως είστε φαλακρός, μα, αν είχατε μαλλιά, θα ήταν άσπρα.

Η κυρία αναστέναξε:

– Μπράβο σας! Μα πώς τα καταφέρνετε και καταλαβαίνετε τη γλώσσα των γάτων;

– Είναι εύκολο. Το μόνο που χρειάζεται είναι να είσαι πολύ προσεκτικός.

– *Νιάου; Νιάου;*

– Τι παρλαπίπας που είναι αυτός ο γάτος, μουρμούρισε ο χωροφύλακας. Ανάσα δεν παίρνει.

– Τι είπε; Τι είπε; ρώτησε η κυρία το νεαρό.

– Ρώτησε αν σας ενοχλεί το τσιγάρο.

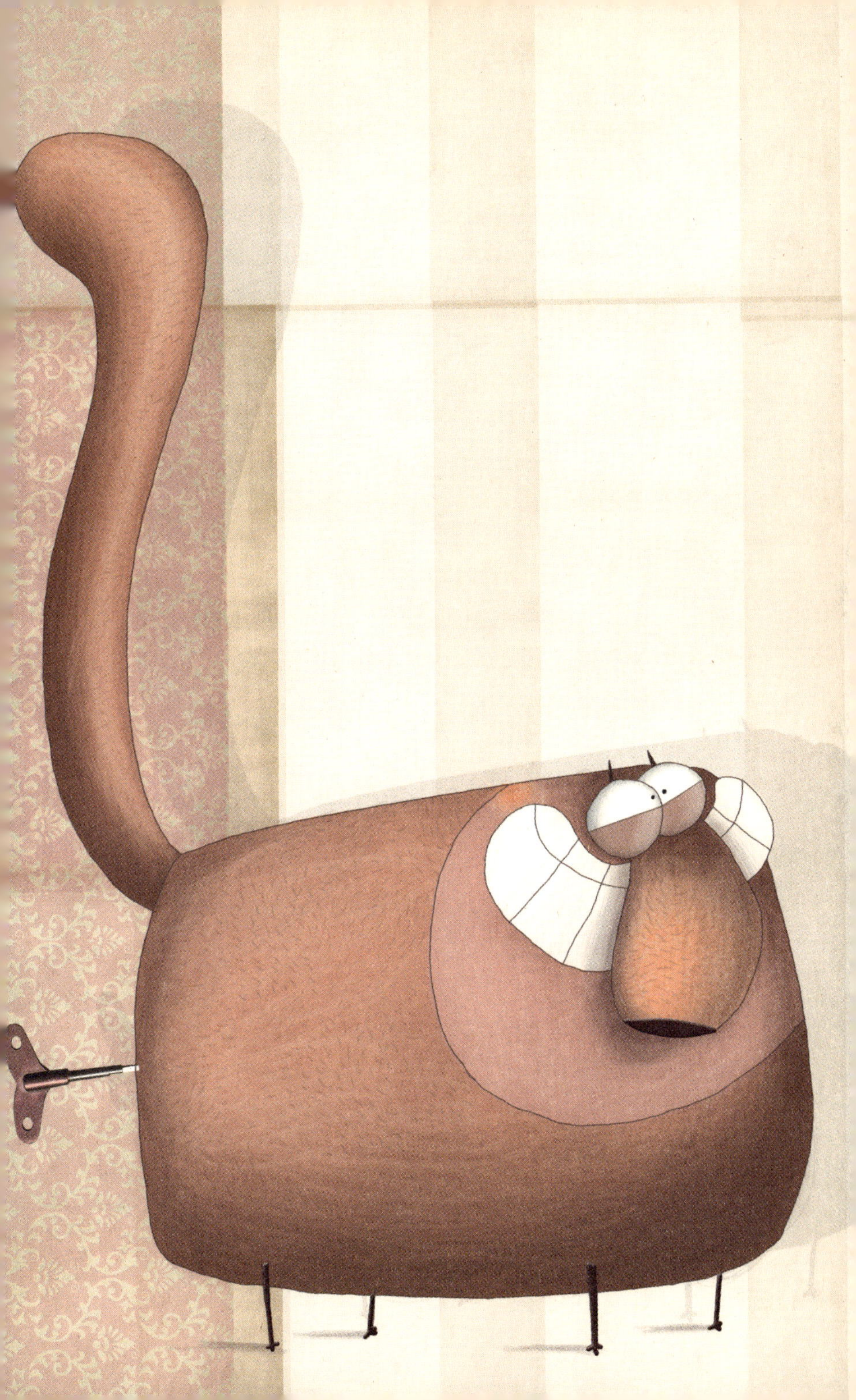

– Όχι, ψιψίνε μου. Τι λες τώρα; Αχ, κοιτάξτε τον. Μου προσφέρει τσιγάρο. Τι ωραία που το ανάβει! Μοιάζει σαν αληθινός! Θέλω να πω σαν αληθινός καπνιστής.

– Για να καπνίζει, καπνιστής θα είναι, μουρμούρισε ο χωροφύλακας. Τι θα ήταν δηλαδή; Κυνηγός λιονταριών;

– *Νιάου νιάου.*

– Είπε: «Ωραία μέρα. Χτες όμως δεν είχε καλό καιρό. Ας ελπίσουμε ότι και αύριο θα είναι όπως σήμερα. Πηγαίνετε μακριά; Εγώ πηγαίνω στη Βενετία για οικογενειακούς λόγους».

ΠΡΩΤΟ ΤΕΛΟΣ

Όπως αποδείχτηκε, ο νεαρός αυτός ήταν εγγαστρίμυθος, ταχυδακτυλουργός και μάγος. Τη φωνή του γάτου την έκανε εκείνος.

ΔΕΥΤΕΡΟ ΤΕΛΟΣ

Όπως αποδείχτηκε, ο γάτος δεν ήταν πραγματικός γάτος, αλλά ένας γάτος-ρομπότ. Ένα ακριβό παιχνίδι που θα βγει στα μαγαζιά τα επόμενα Χριστούγεννα.

ΤΡΙΤΟ ΤΕΛΟΣ

Δεν υπάρχει ακόμα. Τι ωραία όμως που θα ήταν αν μια μέρα μπορούσαμε στ' αλήθεια να μιλήσουμε με τα ζώα. Αν όχι με όλα, τουλάχιστον με τις γάτες.

Τα φινάλε του συγγραφέα

ΤΟ ΜΑΓΙΚΟ ΤΥΜΠΑΝΟ

Το πρώτο τέλος δε μου αρέσει. Πώς μπορεί ένας χαρούμενος και γενναιόδωρος τυμπανιστής να γίνεται από τη μια στιγμή στην άλλη ληστής; Το τρίτο τέλος δεν ταιριάζει με την ιστορία. Μου φαίνεται μεγάλη κακία να σταματήσουν τα μαγικά κόλπα μόνο και μόνο για να ικανοποιηθεί μια αθώα περιέργεια. Η περιέργεια δεν είναι ελάττωμα. Αν οι επιστήμονες δεν ήταν περίεργοι, δε θα ανακάλυπταν ποτέ ξανά κάτι καινούριο. Ψηφίζω το δεύτερο τέλος.

Ο ΚΑΤΕΡΓΑΡΗΣ ΠΙΝΟΚΙΟ

Το πρώτο τέλος είναι λάθος, γιατί δεν είναι δίκαιο, ύστερα από όλες αυτές τις κομπίνες, να αποθεώνεται ως ευεργέτης ο κατεργάρης Πινόκιο. Αμφιταλαντεύομαι ανάμεσα στο δεύτερο και στο τρίτο τέλος. Το δεύτερο είναι πιο πνευματώδες και το τρίτο πιο κακό.

ΤΑ ΚΑΚΟΜΟΙΡΑ ΤΑ ΦΑΝΤΑΣΜΑΤΑ

Το πρώτο τέλος είναι ανέφικτο. Δεν πιστεύω ότι στη Γη

έχουν απομείνει όλοι αυτοί οι φοβητσιάρηδες. Το δεύτερο έχει πλάκα, αλλά όχι για τα κακόμοιρα τα βατραχάκια. Διαλέγω το τρίτο, για έναν ακόμη λόγο. Επειδή αφήνει ανοιχτό το ενδεχόμενο να συνεχιστεί η ιστορία.

Ο ΣΚΥΛΟΣ ΠΟΥ ΔΕΝ ΗΞΕΡΕ ΝΑ ΓΑΒΓΙΖΕΙ

Ψηφίζω χωρίς αμφιβολία το τρίτο τέλος. Είναι πολύ σημαντικό να βρίσκουμε το σωστό δάσκαλο στη ζωή μας. Πιο σημαντικό από το να γίνουμε αστέρια του τσίρκου ή να έχουμε έτοιμη κάθε μέρα μια γαβάθα σούπα.

ΤΟ ΣΠΙΤΙ ΣΤΗΝ ΕΡΗΜΟ

Το πρώτο τέλος έχει γέλιο, αλλά είναι παράλογο. Το δεύτερο θα μπορούσε να είναι ωραίο, ωστόσο είναι απίθανο. Ο κύριος Πουκ δεν είναι από τους τύπους που συγκινούνται με τα βάσανα του άλλου. Προτιμώ το τρίτο τέλος, παρότι είναι κάπως μελαγχολικό.

Η ΜΑΓΙΚΗ ΦΛΟΓΕΡΑ ΚΑΙ ΤΑ ΑΥΤΟΚΙΝΗΤΑ

Το αγαπημένο μου τέλος είναι το τρίτο. Χρειάζεται να σας πω το γιατί; Δε νομίζω.

Ο ΓΥΡΟΣ ΤΗΣ ΠΟΛΗΣ

Το πρώτο τέλος ταιριάζει στους ονειροπόλους. Το δεύτερο στους απαισιόδοξους. Εγώ προτιμώ το τρίτο. Μου αρέσει που ο Πάολο θυσιάζει το προσωπικό του όνειρο. Ένα ωραίο αφηρημένο όνειρο, μόνο και μόνο για να βοηθήσει κάποιον που τον χρειάζεται πραγματικά.

ΟΤΑΝ ΣΤΟ ΜΙΛΑΝΟ ΕΒΡΕΧΕ ΚΑΠΕΛΑ

Το πρώτο τέλος είναι πολύ κοινότοπο και το δεύτερο πολύ μυστηριώδες. Θα συμφωνούσα με το τρίτο, αλλά δεν εξηγεί την αιτία της βροχής από καπέλα. Μεταξύ μας, όμως, ποιος ο λόγος να το εξηγήσει; Τα καπέλα αυτά είναι ένα ευχάριστο θέαμα και υποδηλώνουν την ελπίδα. Με λίγα λόγια, υπάρχει η ελπίδα ότι από τον ουρανό θα πάψουν να πέφτουν στα κεφάλια μας μόνο επικίνδυνες σφαίρες...

ΣΥΝΑΓΕΡΜΟΣ ΣΤΗ ΦΑΤΝΗ

Το πρώτο τέλος είναι αντιπαθητικό. Το δεύτερο πολύ άδικο, γιατί αναγκάζει τον Ινδιάνο να γίνει λευκός. Το πιο σωστό είναι το τρίτο, αλλά φυσικά μπορεί και να κάνω λάθος.

Ο ΚΑΘΗΓΗΤΗΣ ΦΟΒΕΡΙΟΥΣ

Ειλικρινά δεν ξέρω τι να διαλέξω. Και οι τρεις επιλογές μού φαίνονται αστείες και διδακτικές. Εσείς τι λέτε;

ΝΥΧΤΕΡΙΝΕΣ ΦΩΝΕΣ

Ψηφίζω το τρίτο τέλος, δηλαδή το τέλος που δεν υπάρχει. Είναι λίγο στενάχωρο, αλλά δε γίνεται να τελειώνουν όλες οι ιστορίες με γιορτές και πανηγύρια.

Ο ΜΑΓΟΣ ΤΖΙΡΟ

Το πρώτο τέλος είναι αδύναμο. Οι υπανάπτυκτες χώρες δε χρειάζονται μάγους, αλλά τη βοήθεια των πιο τυχερών χωρών. Στο δεύτερο τέλος ο μάγος φαίνεται πολύ εγωιστής, και γι' αυτό το απορρίπτω. Προτιμώ το τρίτο, γιατί ο μάγος δε φοβάται να ξαναρχίσει τη ζωή του από το μηδέν.

Η ΠΕΡΙΠΕΤΕΙΑ ΤΟΥ ΡΙΝΑΛΝΤΟ
Το τρίτο τέλος, αν και αστείο, μου φαίνεται και το πιο λογικό. Το πρώτο παραείναι γλυκό και το δεύτερο παραείναι πικρό.

ΤΟ ΔΑΧΤΥΛΙΔΙ ΤΟΥ ΒΟΣΚΟΥ
Απορρίπτω το πρώτο τέλος, γιατί δεν πιστεύω ότι αυτοί οι άμοιροι ληστές μπορεί να είχαν τέτοιους θησαυρούς. Το δεύτερο θα αρέσει στα αισιόδοξα πνεύματα που λατρεύουν την περιπέτεια και το τρίτο στους απαισιόδοξους. Πιστεύω ότι και από το δεύτερο και από το τρίτο τέλος μπορούν να προκύψουν πολλές άλλες ιστορίες και περιπέτειες.

ΤΑΞΙ ΓΙΑ Τ' ΑΣΤΡΑ
Επιλέγω το τρίτο τέλος γιατί μου αρέσουν τα αυγά. Το τέλος είναι πολύ μικρό. Αν θέλετε, μπορείτε να το γράψετε μόνοι σας.

Η ΑΣΘΕΝΕΙΑ ΤΟΥ ΤΙΝΟ
Το πρώτο τέλος είναι αρκετά αστείο και το τρίτο κάπως τρελό. Πιο σωστό μου φαίνεται το δεύτερο, γιατί είναι αλήθεια πως – όπως λέει και η ιστορία μας – όποιος έχει πολλούς φίλους δεν πάσχει από μοναξιά.

ΠΕΡΙΠΕΤΕΙΑ ΜΕ ΤΗΝ ΤΗΛΕΟΡΑΣΗ

Δε χωράει αμφιβολία. Το καλύτερο τέλος είναι το τρίτο. Το γιατί το εξηγεί η ίδια η ιστορία.

ΤΟ ΜΕΓΑΛΟ ΚΑΡΟΤΟ

Το πρώτο τέλος είναι αστείο. Το δεύτερο μοιάζει να ανατρέπει την ιστορία. Το τρίτο είναι το πιο σύντομο, αλλά περιέχει το ηθικό δίδαγμα. Το ξέρω ότι δε γράφονται πια ιστορίες με ηθικό δίδαγμα, αλλά για μια φορά...

ΕΚΑΤΟ ΛΙΡΕΣ ΣΤΗΝ ΤΣΕΠΗ

Και οι τρεις επιλογές μού φαίνονται κακές. Η αλήθεια είναι ότι αυτή η ιστορία δεν είναι κανονική ιστορία. Είναι απλώς η φαντασία ενός ανθρώπου που δεν έχει όρεξη να δουλέψει. Αλλά πρέπει να τον καταλάβουμε κι αυτό τον κακομοίρη. Μια ζωή δούλευε και έβγαζε πολύ λίγα, για να βρεθεί με εκατό λίρες στην τσέπη.

Ο ΓΑΤΟΣ ΤΑΞΙΔΕΥΤΗΣ

Και εδώ προτιμώ το τέλος που δεν υπάρχει. Πάντα προτιμώ το μέλλον.

Περιεχόμενα

ΤΟ ΒΙΒΛΙΟ ΤΟΥ ΤΖΑΝΙ ΡΟΝΤΑΡΙ
Παραμύθια για να σπάτε κέφι
ΣΤΟΙΧΕΙΟΘΕΤΗΘΗΚΕ & ΣΕΛΙΔΟΠΟΙΗΘΗΚΕ
ΣΤΙΣ ΕΓΚΑΤΑΣΤΑΣΕΙΣ ΤΩΝ ΕΚΔΟΣΕΩΝ «ΚΕΔΡΟΣ»
ΤΥΠΩΘΗΚΕ ΣΕ 2.000 ΑΝΤΙΤΥΠΑ
ΣΤΙΣ ΓΡΑΦΙΚΕΣ ΤΕΧΝΕΣ
ΓΕΩΡΓΙΟΣ ΔΗΜ. ΜΩΛ & ΣΙΑ Ο.Ε.
25ης ΜΑΡΤΙΟΥ 101, ΠΕΡΙΣΤΕΡΙ, ΤΗΛ. 210-57.41.171
ΤΟ ΝΟΕΜΒΡΙΟ ΤΟΥ 2012
ΓΙΑ ΛΟΓΑΡΙΑΣΜΟ ΤΗΣ ΕΚΔΟΤΙΚΗΣ ΕΤΑΙΡΙΑΣ «ΚΕΔΡΟΣ»
Γ. ΓΕΝΝΑΔΙΟΥ 3, ΑΘΗΝΑ 106 78
ΤΗΛ. 210-38.02.007 - 210-38.09.712 FAX: 210-33.02.655

2η ΕΚΔΟΣΗ - 2.000 ΑΝΤΙΤΥΠΑ
3η ΕΚΔΟΣΗ - 2.000 ΑΝΤΙΤΥΠΑ
4η ΕΚΔΟΣΗ - 3.000 ΑΝΤΙΤΥΠΑ
5η ΕΚΔΟΣΗ - 3.000 ΑΝΤΙΤΥΠΑ
6η ΕΚΔΟΣΗ - 3.000 ΑΝΤΙΤΥΠΑ
7η ΕΚΔΟΣΗ - 2.000 ΑΝΤΙΤΥΠΑ